MAX LUCADO

STILLE DEINEN DURST

Max Lucado, geb. in West Texas, ist Pastor an der Oak Hills Church of Christ in San Antonio/Texas. Seine Titel sind ständig auf den Bestsellerlisten in den USA zu finden. Auch im deutschsprachigen Europa hat er durch seinen außergewöhnlichen, mitempfindenden Schreibstil viele begeisterte Leser. Die Zeitschrift »Christianity Today« zählt ihn zu den besten christlichen Autoren Amerikas. Er ist verheiratet, Vater von drei Töchtern und Autor mehrerer Bücher.

hänssler-Hardcover
Bestell-Nr. 394.392
ISBN 3-7751-4392-0

© Copyright der amerikanischen Originalausgabe 2004 by Max Lucado.
All rights reserved. Published by W Publishing Group, a Division of Thomas Nelson, Inc., Nashville, Tennessee, USA.
Originaltitel: Come thirsty
Übersetzung: Herta Martinache

© Copyright der deutschen Ausgabe 2005 by Hänssler Verlag,
D-71087 Holzgerlingen
Internet: www.haenssler.de
E-Mail: info@haenssler.de
Umschlagsbearbeitung: Arne Claußen
Titelbild: Stephen Gardner, pixelworksstudio.net (Neka Scarbrough-Jenkins)
Satz: Vaihinger Satz & Druck, Vaihingen/Enz
Druck und Bindung: Ebner & Spiegel, Ulm
Printed in Germany

Die Bibelstellen des Alten Testaments sind in der Regel zitiert nach Lutherbibel, revidierter Text 1984, durchgesehene Ausgabe in neuer Rechtschreibung, © 1999 Deutsche Bibelgesellschaft, Stuttgart; die Bibelstellen des Neuen Testaments und der Psalmen nach »Neues Leben. Die Bibelübersetzung«, © Copyright 2002 by Hänssler Verlag, D-71087 Holzgerlingen.

LIEBE ANDREA,

stolz widmen deine Mutter und ich dir dieses Buch zu deinem achtzehnten Geburtstag. Wo sind all die Jahre geblieben? Gern und mit Freude würde ich diese Jahre mit dir noch einmal erleben.

Dieses Buch ist ein Ausdruck unserer Liebe zu dir, unserer Tochter.
Möge dein Lächeln nie verblassen und dein Glaube immer tiefer werden.

INHALT

Vorwort 9
Dank 10
Meagan 15
   1. Das vertrocknete Herz 25

Teil 1 Sein Werk annehmen
   2. Sündenimpfung 35
   3. Wenn Gnade tief eindringt 45
   4. Wenn der Tod zur Geburt wird 55
   5. Ein Herz auf dem Weg nach Hause 63

Teil 2 Mit seiner Energie rechnen
   6. Hoffnung für Rackerstadt 73
   7. Warten auf Kraft 81
   8. Gottes Handschuh 89
   9. Es kommt nicht auf Sie an 97

Teil 3 Seiner Leitung vertrauen
   10. Auf Gott vertrauen wir (fast) 109
   11. Sorgen? Unnötig! 119
   12. Engel wachen über uns 129
   13. Gott ist unser Beschützer 139

Teil 4 Seine Liebe empfangen
   14. Tiefer 151
   15. Haben Sie gehört, wie die Tür ins Schloss fällt? . 161
   16. Furchtlos der Ewigkeit entgegensehen 173
   17. Gottes Brief an Sie 181

Anmerkungen 189

VORWORT

Wir alle wissen, was es bedeutet, Durst zu haben – körperlich und geistlich. Das Verlangen, Durst zu löschen, kann quälend werden. Aber ein trockenes Herz ist unerträglich. Sie brauchen Erfrischung – und zwar sofort. Wenn Ihr Herz etwas krustig und Ihr Geist ausgedörrt ist, dann sind Sie hier richtig. In diesem Buch führt Max Lucado Sie zu dem Brunnen, den Gott für uns bereithält. Und, was genauso wichtig ist, Max Lucado zeigt uns auch, wie wir von Gott *alles* erhalten können, was er uns geben möchte.

Oft fällt es uns schwer, etwas anzunehmen. Mehr als alles andere macht Lucado uns klar, dass Gott uns beschenken will. Gott möchte, dass wir durstig kommen und in langen, tiefen Zügen das lebendige Wasser trinken, das für jeden von uns da ist.

Ich habe sehr viel von Max Lucado gelernt. Jahrelang habe ich mich von seinen Büchern anregen lassen. Und seine Freundschaft werde ich immer in Ehren halten. Ich hatte das Vorrecht, unter vier Augen mit Max Lucado zu sprechen und mir von ihm weiterhelfen zu lassen, und ich durfte miterleben, wie er ebenso wirkungsvoll auf die geistlichen Bedürfnisse von fünfzehntausend Menschen in einem Sportstadion einging.

Ich bete, lieber Leser, dass durch dieses großartige Buch Ihre Seele erfrischt und belebt wird.

Michael W. Smith

DANK

Sie spornten mich an, klatschten Beifall, lobten und redeten gut zu. Diese Freunde machten dieses Buch zu einem Buch. Ihnen bin ich zutiefst dankbar.

Jim Barker – der gläubige Golfprofi. Du hast diesen Samen in mein Herz gelegt, während du versucht hast, meine Schläge zu verbessern. Zumindest der Same hat Frucht getragen.

Liz Heaney und Karen Hill: Wenn Zahnärzte so geschickt wie Sie wären, hätten wir alle ein strahlenderes Lächeln und weniger Schmerz. Danke für Ihr großartiges Redigieren!

Carol Bartley: Sie haben es wieder geschafft. Wir bewundern Ihre gewissenhafte Achtsamkeit auf Feinheiten und Ihr geduldiges Bemühen um Genauigkeit.

Danke an Hank Hanegraaff, der mir großzügig seine Zeit und seine Erkenntnisse geschenkt hat.

David Moberg und W Publishing: Bei euch fühle ich mich wie ein Achtklässler, der in der Nationalmannschaft mitspielen darf!

An die Ältesten, Mitarbeiter und Mitglieder der Oak-Hills-Kirche: Jedes Jahr macht die Zusammenarbeit mit Ihnen mehr Freude.

Susan Perry: Schlagen Sie in einem Wörterbuch das Wort *Dienerin* nach, und Sie sehen Ihr Bild. Danke für Ihre freundlichen Dienste.

Jennifer McKinney: Wir schätzen Ihre Arbeit fast so sehr wie Ihr Lächeln.

Margaret Mechinus: Ihr Organisationstalent ist so groß wie meine Neigung zum Chaos. Danke, dass Sie zumindest in meinen Bücherregalen Ordnung geschaffen haben.

Charles Prince: Sie sind mir ein wahrer und weiser Freund. Danke für Ihre Forschungsarbeit.

Steve Halliday: Dank Ihnen haben die Leser wieder eine großartige Anleitung für Gespräche.

Andrew Cooley und die Mitarbeiter von UpWords: in jeder Hinsicht ein erfolgreiches Team!

Steve und Cheryl Smith: Für Denalyn und mich sind Sie ständige Partner und liebe Freunde.

Michael W. Smith: Wir haben viele angeregte Stunden miteinander verbracht, und ich hoffe, dass dies erst der Anfang war.

Jenna, Andrea und Sara: Im Himmel fehlen drei Sterne. Dank euch ist die Welt, vor allem meine Welt, heller.

Meine Frau Denalyn: Wer würde einem Hinterwäldler einen Renoir schenken, den Hope-Diamanten in einem Pfandhaus hinterlegen oder einem Zehnjährigen einen Ferrari anvertrauen? Ich glaube, Gott kann man so etwas zutrauen, denn er hat dich mir gegeben. Und ich bin immer noch erstaunt darüber.

Und Gott: Ich danke dir für deine unendliche Gnade.

Wer durstig ist, der komme.
Wer will, soll kommen und umsonst vom
Wasser des Lebens trinken!

Offenbarung 22,17

*Denn wir sind durch **einen** Geist alle zu **einem** Leib*
*getauft ... und sind alle mit **einem** Geist getränkt.*

1. Korinther 12,13 (Luther 84)

MEAGAN

Kaum war Bentley Bishop aus dem Aufzug getreten, umfing ihn geschäftige Betriebsamkeit. Eric, sein Produzent, stürzte sich sofort auf ihn.

»Herr Bentley, seit zwei Stunden versuche ich, Sie zu erreichen.« Eric sprühte nur so vor hektischer Tatkraft. Er war kaum 1,60 Meter groß und stand da in seinem zerknitterten Anzug, mit gelockertem Krawattenknoten und denselben ausgetretenen Schuhen, die er schon letztes Jahr getragen hatte. Zwar war er gerade erst dreißig Jahre alt, doch sein Haaransatz war schon weit zurückgewichen, und man konnte sich ausmalen, dass er bald eine Vollglatze haben würde. Er war kein Mann, nach dem man sich umdrehte. Doch seine Medienerfahrung war einzigartig.

Wie ein Radarschirm las Eric die Gesellschaft. Abklingende Marotten, aufkommende Trends, für wen Teenager schwärmten und was Führungskräfte aßen – Eric kannte die Kultur. Folglich kannte er sich mit Talk-Shows aus. Er wusste um die heißen Themen, die besten Gäste, und Bentley Bishop war klar, dass seine Show bei Eric in guten Händen war, auch wenn er schnell in Panik geriet.

»Auf den Golfplatz nehme ich doch nie ein Telefon mit, Eric. Das wissen Sie doch.«

»Hat man Ihnen nicht ausgerichtet, dass ich angerufen habe?«

»Doch.« Inzwischen legte die Kosmetikerin einen Umhang über Bishops Schultern. »Habe ich heute etwas Farbe bekommen?«, fragte er und musterte sie von Kopf bis Fuß. Vom Alter her hätte sie seine Tochter sein können, doch sein Blick war nicht väterlich. »Das rote Gesicht ist vermutlich deine Schuld, Meagan. Wenn ich dich sehe, steigt mir immer das Blut in den Kopf.«

Jeder außer Bishop fand Bishops Flirten abstoßend. Das Produktionsteam hatte miterlebt, wie er sich in ähnlicher Weise an ein Dutzend andere Mädchen herangemacht hatte. Die beiden

Empfangsdamen warfen sich vielsagende Blicke zu. Auch sie waren daran gewöhnt, von ihm umsäuselt zu werden. Und jetzt tändelte er mit der »süßen Kleinen in den engen Jeans« herum, jedenfalls hatten sie gehört, wie er sie so beschrieb.

Eric hätte Meagan am liebsten fristlos entlassen, doch dazu hatte er nicht die Macht. Meagan hätte am liebsten auf der Stelle gekündigt, doch sie brauchte das Geld.

»Herr Bishop«, machte Eric auf sich aufmerksam. »Wir haben ein Problem.«

Durch den Lautsprecher dröhnte die Ansage: »Fünfzehn Minuten bis Sendeanfang.«

»Hopp.« Bischof zwinkerte mit den Augen und nahm den Make-up-Umhang ab. »Ich glaube, das müssen wir später fertig machen.«

Meagan puderte ein letztes Mal seine Wangen und zwang sich zu einem Lächeln.

»Dr. Allsup hat abgesagt«, warf Eric ein, als sie beide schon unterwegs zum Studio waren.

»Was?«

»Schlechtes Wetter. Er hat von O'Hare angerufen.«

»Gibt es denn Wetterprobleme?«

»In Chicago anscheinend.«

Beide blieben im Korridor stehen, und zum ersten Mal an diesem Tag schenkte Bishop Eric seine ganze Aufmerksamkeit. Er überragte seinen Produzenten um ganze dreißig Zentimeter, und mit seiner dicken weißen Mähne sah er noch größer aus. Fast jeder in Amerika kannte seinen eckigen Unterkiefer und die buschigen Augenbrauen, die an zwei Raupen erinnerten. Die allabendliche Fernsehsendung, die seit zwanzig Jahren lief, hatte ihn berühmt gemacht.

»Was für ein Thema haben wir?«

»Überleben im Stress.«

»Passt genau. Haben Sie Ersatzleute angerufen?«

»Ja.«

»Dr. Varner?«
»Krank.«
»Dr. Chambers?«
»In Urlaub.«
»Und die beiden Typen, die letzten Monat bei uns waren, die das Buch über Atmen geschrieben haben?«
»*Atme richtig. Lebe richtig.* Einer ist erkältet. Der andere hat nicht zurückgerufen.«
»Dann bleibt uns nur noch der Rabbi.«
»Er ist auch nicht da.«
»Rabbi Cohen? Er verreist nie. Schon zehn Jahre lang springt er immer wieder ein.«
»Fünfzehn. Seine Schwester ist gestorben, und er ist zur Beerdigung gefahren.«
»Was bleibt uns dann noch übrig? Eine Telekonferenz? Ich mag keine Telekonferenzen.« Bishops Stimme wurde immer lauter und Erics Gesicht immer roter. Im Korridor im neunten Stock des Burbank-Plaza-Gebäudes herrschte Stille – Geschäftigkeit, aber Stille. Niemand beneidete Eric.
»Keine Telekonferenz, Herr Bishop. Die Anlage funktioniert nicht.«
»Was?«
»Das Gewitter letzte Nacht.«
»War letzte Nacht ein Gewitter?«, fragte Bishop jeden in Hörweite.
Eric zuckte mit den Schultern. »Ich wollte eine Verbindung mit dem Arzt des Präsidenten und habe dann die technischen Probleme entdeckt. Von außen kommt nichts rein.«
Jetzt war das Lächeln aus Bishops Gesicht verschwunden. »Keine Gäste. Keine Verbindung von draußen. Warum haben Sie mich nicht angerufen?«
Eric zog es vor, nicht ehrlich zu antworten.
»Studiozuschauer?«

»Der Zuschauerraum ist voll. Sie sind alle gekommen, um Dr. Allsup zu sehen.«

»Was machen wir?«, fragte Bishop.

»Zehn Minuten!«, dröhnte eine Stimme.

»Wir haben einen Gast«, erklärte Eric und wandte sich langsam zur Studiotür. »Er ist schon beim Make-up.«

»Wo haben Sie ihn gefunden?«

»Ich glaube, er hat uns gefunden.« Sie beschleunigten ihren Schritt. »Vor einer Stunde hat er mir eine E-Mail geschickt.«

»Wie ist er an Ihre E-Mail-Adresse gekommen?«

»Keine Ahnung. Ich weiß auch nicht, wie er über unsere Situation erfahren hat, aber er weiß recht viel.« Eric zog ein Blatt Papier aus seiner Jackentasche. »Er hat mir gesagt, das mit Varner, Chambers, dem Wetter in Chicago und dem Blitz letzte Nacht tue ihm Leid. Und das Buch über Atmen habe ihm sowieso nicht gefallen. Und da er wusste, dass wir in der Klemme sitzen, meldet er sich freiwillig für die Show.«

»Verrückt.« Eric öffnete die Tür. Bishop trat ein, er hielt ständig Blickkontakt mit Eric. »Haben Sie ihn hereingelassen?«

»Eigentlich hat er sich selbst hereingelassen. Aber ich habe herumtelefoniert. Er sorgt für ziemlich viel Aufsehen, vor allem in kleineren Städten. Er unterrichtet Ethik in einer Schule in Birmingham. Einige Theologen sind beunruhigt, doch die kleinen Leute mögen ihn. Er hält Vorträge in Hochschulen und wird gern zu Festessen eingeladen. Eines seiner Hauptthemen ist, wie man Seelenfrieden findet.«

Bishop näherte sich dem Aufnahmebereich. »Etwas mehr Frieden könnte mir nicht schaden. Hoffentlich ist der Typ gut. Wie heißt er eigentlich?«

»Jesse. Jesse Zimmermann.«

»Nie von ihm gehört. Geben wir ihm fünfzehn Minuten. In der letzten Hälfte der Sendung wiederholen wir die beste Sendung des vergangenen Jahres.«

»Das haben wir schon vorige Woche gemacht.«

»Die Leute sind vergesslich. Gehen Sie zum Make-up und schauen Sie nach diesem Zimmermann.«

Im Spiegel konnte Meagan ihr Gesicht und Jesses Gesicht sehen. Später beschrieb sie ihn als gut aussehend, aber nicht atemberaubend. Er trug eine braune Kordjacke mit Flicken an den Ellbogen, eine khakifarbene Hose und eine annehmbare, aber unauffällige Krawatte. Er hatte einen geraden Seitenscheitel und sah aus, als käme er frisch vom Frisör. Meagan legte ihm den Umhang um und begann mit der höflichen Plauderei. Es erforderte nicht viel Mühe, ihn zum Lächeln zu bringen.

»Sind Sie zum ersten Mal in der Show?«

»Ja.«

»Zum ersten Mal an der Westküste?«

»So könnte man sagen.«

Meagan puderte seine Wangen, dann hörte sie auf. Er starrte sie an. »Ist das nötig?«, fragte er. Die Behandlung schien ihm keinen Spaß zu machen.

»Es verhindert, dass die Haut glänzt«, erklärte sie.

Als sie weiter puderte, schloss Jesse die Augen, dann öffnete er sie wieder und schaute sie an, ohne etwas zu sagen.

Meagan war erstaunt über ihn. Wenn Männer sie anstarrten, wusste sie, was sie wollten. Wahrscheinlich ist er genauso. Sie trat hinter den Stuhl und besprühte sein Haar mit Spray. Er schloss seine Augen wieder. Sie schaute sich an, neugierig, was er wohl über sie denkt – mit der tätowierten Rose im Nacken, ihrem tiefschwarzen Haar und den schwarzen Fingernägeln. Ihr T-Shirt war im Rücken zusammengebunden und ließ ihren Nabel unbedeckt – eine ferne Erinnerung an ihre Rolle als Majorette in der Schulband. Ihr älterer Bruder, der die Familienapotheke in Missouri führte, rief sie immer an und fragte: »Du lässt dir keine Tätowierung machen, oder? Und vor allem keine Ringe in die

Nase.« Sie hörte nicht auf ihn.

Was er dachte, war ihr wirklich egal. Schließlich war sie einundzwanzig. Man muss leben, solange man jung ist.

»Architektur?«

Die kurze Frage traf Meagan unvorbereitet. »Was?«

Jesse hatte die Augen geöffnet und schaute auf ihren offenen Rucksack auf dem Tisch. Eine Architektur-Zeitschrift schaute heraus.

»Nennen Sie es ein geheimes Interesse«, erklärte sie. »Wer weiß, eines Tages ...«

»Haben Sie noch andere Geheimnisse?«

Meagan seufzte. Was geht ihn das an. »Keines, das für Ihre Ohren bestimmt ist.« Sie zuckte mit den Schultern.

Männer versetzten sie immer in Erstaunen. Ihre Mutter hatte Recht mit ihrer Warnung: Egal, wie nett sie ausschauen, sie wollen alle das Gleiche. Einige Minuten lang schwiegen beide. Meagan mochte es so. Im Schweigen fand sie Sicherheit. Doch Jesse war nicht fertig.

»Bishop verlangt viel von Ihnen.«

Meagan warf den Kopf zurück. »Ist das eine Frage?«

»Nein, nur eine Feststellung.«

»Er ist in Ordnung.« Meagan wich dem Thema aus und vermied es, Jesse in die Augen zu schauen, als sie ihm ein letztes Mal die Stirn puderte.

Jesses Ton wurde ernst. »Meagan, lassen Sie Ihr Herz nicht hart werden. Von Natur aus sind Sie nicht so hart und verschlossen.«

Verdutzt blieb sie stehen und schaute Jesse an, zuerst beleidigt, dann neugierig.

»Was wissen Sie über mich?«

»Ich weiß, dass Sie ein besserer Mensch sind als Sie sich den Anschein geben. Ich weiß auch, dass es für eine Änderung nicht zu spät ist. Diese Straße, auf der Sie unterwegs sind ... nun, die Häuser sehen hübsch aus, aber die Straße führt nirgendwo hin.«

Sie begann zu protestieren, doch dann trafen sich ihre Blicke.
»Ich kann helfen, Meagan. Wirklich.«
»Ich brauche Ihre Hilfe nicht«, lag ihr auf der Zunge, doch sie schluckte die Bemerkung hinunter. Er lächelte sanft, ermutigend. Dann folgte wieder Schweigen. Es war kein verlegenes Schweigen. Es herrschte ganz einfach Stille. Meagan fühlte, wie ein Lächeln als Antwort über ihr Gesicht huschen wollte, doch dann ...
»Fünf Minuten!«, tönte die Stimme aus dem Studio. Meagan schaute auf und sah Erics Gesicht.

Meagan sah sich nie die *Bentley Bishop Show* an. In den ersten Tagen hatte sie es versucht, doch bald hatte sie sein gekonntes Zahnpasta-Lächeln und seine Diskjockei-Stimme satt. Deshalb verlor sie das Interesse. Sie versuchte, mit den anderen Mitarbeitern zu plaudern, doch alle wussten, wie sie ihre Stelle bekommen hatte und behielt. Die alten Hasen im Show-Geschäft hielten zusammen, und Mädchen wie Meagan gehörten nicht zu ihnen.
»Man könnte denken, ich bin aussätzig«, murmelte sie nach ihrem letzten Versuch, ein Gespräch zu beginnen.
Meagan folgte ihrer täglichen Routine: Sie säuberte ihren Tisch, zog ihre Zeitschrift hervor und setzte sich in den Make-up-Sessel. Doch an diesem Tag, als sie die Fernbedienung hob, um den Monitor im Make-up-Zimmer auszuschalten, sah sie, wie Jesse auf die Bühne trat.
Die Zuschauer applaudierten höflich. Sie beobachtete, wie Jesse den Gastgeber begrüßte, Platz nahm und der Menge zunickte. Bishop wandte sich den Karteikarten zu, die auf dem Tisch lagen, jede mit einer von Eric vorbereiteten Frage. Er mischte sie und begann.
»Erzählen Sie uns etwas über sich, Herr Zimmermann. Sie unterrichten also an einer Hochschule.«
»Ja, ich gebe hauptsächlich Abendkurse.«
»In Alabama?«
»Ja, in Sawgrass, Alabama.«

»Wissen die Leute aus Sawgrass überhaupt, was Stress ist?«
Jesse nickte.

Bishop fuhr fort: »Unsere Welt ist hart, wirklich erbarmungslos, Jesse. Sagen Sie uns, wie wir mit Stress umgehen können.«

Jesse richtete sich auf, formte mit seinen Händen ein Zelt und begann zu sprechen. »Stress weist auf ein tieferes Bedürfnis, eine Sehnsucht hin. Wir wollen dazugehören, wichtig sein. Annahme, Geltung – daran liegt uns viel. Folglich tun wir alles, um sie zu bekommen: Wir machen Schulden, um das Haus zu kaufen, wir überziehen unser Konto, um die entsprechende Kleidung zu kaufen ... und das Leben in der Tretmühle beginnt.«

»Tretmühle?«

»Genau. Wir wenden viel Energie auf, um nirgendwo hinzukommen. Am Ende des Tages oder am Ende des Lebens sind wir nicht einen einzigen Schritt vorwärts gekommen. Wir sind festgefahren.«

»Und was können wir dagegen tun?«

»Was wir *normalerweise* tun, funktioniert nicht. Wir nehmen Urlaub. Wir nehmen Tabletten. Wir versuchen unser Glück im Lotto. Wir nutzen junge Frauen aus ...« Beim Sprechen schaute Jesse unverwandt Bishop an. Doch falls er die Anspielung verstand, ließ er es sich nicht anmerken.

Meagan verstand, und zum ersten Mal seit langem lächelte sie.

»Es funktioniert nicht, Herr Bishop. Bei uns zu Hause nennen wir es ›aus dem Sumpf trinken‹. In diesem Wasser ist Zeug, das für uns nicht zum Trinken geeignet ist.« Jetzt wandte sich Jesse an die Kamera.

Einen Augenblick lang hatte Meagan den Eindruck, er würde nur zu ihr sprechen. Unwillkürlich schaltete sie den Ton ab und beobachtete ihn beim Sprechen.

Er war nur sieben Minuten auf Sendung. Später hörte sie, dass Bishop und Eric zufrieden waren und sogar daran dachten, ihn wieder einzuladen.

Sie hoffte, dass er wieder kommt.

Jesse erspähte Meagan durch das Fenster eines Cafés, als sie gerade Zitrone in ein Glas Wasser presste. Ein paar Minuten lang beobachtete er sie. Das Restaurant sah etwas altmodisch aus, erinnerte an die fünfziger Jahre. Zwei Männer am Tisch nebenan sagten etwas zu ihr. Sie achtete nicht darauf. Ein Kellner brachte ihr die Speisekarte, sie lehnte ab. Ein Auto kam mit quietschenden Bremsen zum Stehen und hupte wegen eines Fußgängers, der die Straße unvorsichtig überquerte. Sie schaute auf. Dann sah Meagan ihn.

Jesse lächelte. Sie blieb ernst. Doch sie wandte den Blick nicht ab. Sie beobachtete, wie er über die schmale Straße ging, in das Café eintrat und auf ihren Tisch zuging. Er fragte, ob er sich neben sie setzen konnte, und sie nickte. Als er den Kellner herbeiwinkte, bemerkte Meagan, dass Jesse müde aussah.

Er sagte wenig, als er auf seinen Kaffee wartete. Zunächst sagte sie noch weniger. Doch sobald sie begann, brach die ganze Geschichte aus ihr heraus. Ihr Freund hatte sie sitzen gelassen. Von ihrer Familie hatte sie die Nase voll. Jemand sagte ihr, mit Werbesendungen könne sie schnelles Geld verdienen. Sie riss von zu Hause aus und fuhr nach Kalifornien. Eine Hörprobe nach der anderen. Eine Absage nach der anderen. Schließlich die Kosmetikschule. »Ich habe nicht einmal den Abschluss gemacht«, gestand sie. »Dann hörte ich von einer offenen Stelle bei Bentley Bishop und stellte mich vor und ...« Sie senkte den Blick. »Nachdem ich getan habe, was er wollte, stellte er mich ein. Und jetzt« – schnell wischte sie sich eine Träne ab – »jetzt bin ich hier. Ich zahle meine Miete und leide keinen Hunger. Ich bin einundzwanzig Jahre alt und überlebe. Los Angeles, das klingt wie ein Country-Song. Aber es geht mir gut. Das sage ich mir zumindest.«

Jesses Sandwich kam. Er bot ihr die Hälfte an, doch sie lehnte ab. Nach ein paar Bissen wischte er sich den Mund mit einer Serviette ab.

»Meagan, ich kenne dich. Ich habe beobachtet, wie du dein Kopfkissen nass geweint hast und durch die Straßen gewandert bist, weil du nicht schlafen konntest. Ich kenne dich. Und ich weiß, dass du nicht ausstehen kannst, wie du werden wirst.«

Meagan wischte sich mit dem Handrücken über die Augen. »Wenn du so ein toller Psychologe bist, dann sage mir, wo Gott in dem allem ist. Ich habe sehr, sehr lange nach ihm gesucht.« Ihre Stimme wurde immer lauter, als sie alle ihre Untaten an ihren Fingern aufzählte. »Ich bin von meinen Eltern davongelaufen. Ich gehe mit meinem Chef ins Bett. Ich habe mehr Zeit auf einem Barhocker als in einer Kirchenbank verbracht. Ich habe das alles so satt, wirklich satt.« Sie biss sich auf die Lippe und schaute weg.

Jesse neigte sich vor, sie schaute ihn an. Er strahlte, war voller Energie, als sei er ein Mathematiklehrer, der beobachtete, wie sie Schwierigkeiten hatte, zwei und zwei zusammenzuzählen.

»Wo ist Gott in dem allem?« Er wiederholte ihre Frage. »Näher als du dir je hast träumen lassen.« Er nahm ihr Glas und hielt es hoch. »Meagan, jeder, der dieses Wasser trinkt, wird wieder durstig werden. Aber ich biete anderes Wasser an. Jeder, der das Wasser trinkt, das ich ihm gebe, wird nie mehr dürsten. Nie mehr.«

Wieder Schweigen.

Mit einem Finger spielte Meagan mit den Eiswürfeln im Glas. Schließlich fragte sie: »Nie mehr?«

»Nie mehr.«

Sie schaute weg, dann schaute sie ihn wieder an. Und mit all der Ehrlichkeit, die sie aufbringen konnte, fragte sie: »Jesse, sag mir, wer in aller Welt bist du?«

Ihr neuer Freund lehnte sich vor und antwortete: »Ich habe gedacht, das würdest du nie fragen.«

1. DAS VERTROCKNETE HERZ

DAS VERTROCKNETE HERZ

Jeder von uns kennt körperlichen Durst. Unser Körper besteht schätzungsweise aus achtzig Prozent Flüssigkeit. Das bedeutet, dass ein Mann meiner Größe etwa siebzig Kilogramm Wasser mit sich herumschleppt. Abgesehen vom Gehirn, den Knochen und ein paar Organen sind wir wandelnde Wasserbomben.

Das muss so sein. Wir brauchen nur mit dem Trinken aufzuhören und abzuwarten, was geschieht: Wir können nicht mehr klar denken, die Haut wird welk und die lebenswichtigen Organe schrumpfen. Unsere Augen brauchen Tränenflüssigkeit, ohne Feuchtigkeit im Mund können wir nicht schlucken, unsere Drüsen brauchen Schweiß, um unseren Körper kühl zu halten, unsere Zellen werden vom Blut getragen und unsere Gelenke werden von Flüssigkeit geschmeidig gehalten. Wie ein Reifen Luft braucht, braucht unser Körper Wasser.

Unser Schöpfer hat uns mit Durst ausgestattet – einem »Flüssigkeitsmangelanzeiger«. Wenn unser Flüssigkeitspegel sinkt, leuchten die Warnsignale auf: trockener Mund, dicke Zunge, benommener Kopf, schwache Knie. Unser Körper teilt uns mit, wenn wir nicht genügend Flüssigkeit haben.

Unsere Seele teilt uns mit, wenn wir sie nicht genügend mit geistlichem Wasser versorgen. Vertrocknete Herzen senden verzweifelte Botschaften aus: Unausgeglichenheit, innere Unruhe, Schuld und Angst. Glauben Sie, Gott will, dass wir damit leben? Hoffnungslosigkeit, Schlaflosigkeit, Einsamkeit, Bitterkeit, Reizbarkeit und Unsicherheit sind Warnzeichen, Symptome einer inneren Trockenheit.

Vielleicht haben Sie das alles noch nie so gesehen. Sie haben angenommen, dass diese Dinge ein Bestandteil Ihrer Reise sind, etwa wie Hubbel zur Verkehrsberuhigung. Sie nehmen an, dass

Angst von Ihren Genen bestimmt wird, so ähnlich wie Ihre Augenfarbe. Manche Menschen haben schwache Knöchel, andere einen hohen Cholesterinspiegel oder einen zurückweichenden Haaransatz. Und Sie? Sie machen sich Sorgen.

Und Niedergeschlagenheit? Jeder ist mal deprimiert. Sind solche Emotionen nicht unvermeidlich? Sicher, aber keineswegs unlöschbar. Betrachten Sie den Kummer Ihres Herzens nicht als Kampf, den Sie durchstehen müssen, sondern als einen inneren Durst, der gestillt werden muss – als Beweis, dass in Ihnen etwas ausdörrt.

Behandeln Sie Ihre Seele wie Ihren Durst. Nehmen Sie einen herzhaften Schluck. Nehmen Sie Feuchtigkeit in sich auf. Bewässern Sie Ihr Herz.

Wo findet man Wasser für die Seele? An einem Oktobertag in Jerusalem gab Jesus die Antwort. Beim alljährlichen Fest zum Gedenken an Moses Wunder mit dem Felsen, der Wasser gab, drängten sich die Menschen in den Straßen. Zu Ehren ihrer nomadischen Vorfahren schliefen sie in Zelten. Zur Erinnerung an den Strom in der Wüste vergossen sie Wasser. Jeden Morgen füllte ein Priester einen goldenen Krug mit Wasser an der Gihon-Quelle und trug ihn durch die von Menschen gesäumten Straßen zum Tempel. Beim Klang der Posaunen schritt der Priester um den Altar herum und begoss ihn mit Wasser. Er tat das einmal an jedem Tag, sieben Tage lang. Dann, am letzten Tag, ging der Priester, wie damals die Vorfahren der Israeliten um Jericho, siebenmal um den Altar herum und begoss ihn mit sieben Krügen voller Wasser. Vielleicht hat in diesem Augenblick der kleinstädtische Rabbi aus dem nördlichen Teil des Landes die Aufmerksamkeit der Menschen auf sich gezogen. »Am letzten Tag, dem Höhepunkt des Festes, stellte Jesus sich hin und rief der Menge zu: ›Wenn jemand Durst hat, soll er zu mir kommen und trinken! Wer an mich glaubt, aus dessen Inneren werden Ströme lebendigen Wassers fließen, wie es in der Schrift heißt‹« (Johannes 7,37-38).

Die Priester in ihren prächtigen Gewändern drehten sich um. Die Menschen horchten erstaunt auf. Kinder mit weit aufgerissenen Augen und zahnlose Großeltern hielten inne. Sie kannten diesen Mann. Einige hatten ihn in den hebräischen Bergen, andere in den Straßen der Stadt predigen gehört. Zweieinhalb Jahre waren vergangen, seit er aus dem Wasser des Jordans gestiegen war. Die Menge hatte diesen Zimmermann schon gesehen.

Aber hatten sie ihn schon so aufmerksam betrachtet? Er »stellte ... sich hin und rief«. Es hatte sich eingebürgert, dass ein Rabbiner im Sitzen lehrte und in gemessenen Worten sprach. Aber Jesus stand auf und schrie. Der Blinde schrie, als er um Augenlicht flehte (Markus 10,46-47). Der sinkende Petrus schrie um Hilfe (Matthäus 14,29-30). Der von Dämonen besessene Mann schrie und bat um Gnade (Matthäus 5,2-7). Johannes benutzt dasselbe griechische Wort, um die Lautstärke der Stimme von Jesus zu beschreiben. Hier haben wir es nicht mit einem sanften Räuspern zu tun. Gott schlug mit dem Hammer auf die Bank des Himmels. Christus forderte Aufmerksamkeit.

Er schrie, weil seine Zeit kurz war. Seine Uhr war bald abgelaufen. In sechs Monaten würde er ein Kreuz durch diese Straßen schleppen. Und die Menschen? Die Menschen hatten Durst. Sie brauchten Wasser, nicht für ihre Kehle, sondern für ihr Herz. Deshalb lud Jesus sie ein: *Verdorrt ihr in eurem Inneren? Dann trinkt mich.*

Jesus kann für Ihr Herz das tun, was H_2O für Ihren Körper tun kann. Er hält es geschmeidig, bewässert es, erweicht das Krustige und wäscht das Rostige. Wie?

Wie Wasser geht Jesus dahin, wo wir nicht hinkommen. Wenn man einen Menschen gegen eine Wand wirft, schlägt sein Körper dumpf auf und fällt zu Boden. Wenn man Wasser gegen eine Wand spritzt, passt sich die Flüssigkeit an und verteilt sich. Aufgrund seiner molekularen Struktur besitzt Wasser eine große Anpassungsfähigkeit: es kann sich teilen und in einer Felsspalte versickern, und es kann sich sammeln und die Victoriafälle hinunterdonnern. Wasser fließt dahin, wo wir nicht hinkommen.

Das tut auch Jesus. Er ist Geist, und obwohl er für immer einen Körper hat, ist er nicht an einen Körper gebunden. Johannes erklärt: »Mit dem ›lebendigen Wasser‹ meinte er den Geist, der jedem zuteil werden sollte, der an ihn glaubte« (Johannes 7,39). Der Geist von Jesus fließt durch die Kehle Ihrer Seele, spült Ängste fort und vertreibt Kummer. Er tut für Ihre Seele das, was Wasser für Ihren Körper tut. Und glücklicherweise müssen wir ihm keine Weisungen erteilen.

Wir erteilen dem Wasser ja auch keine Weisungen. Bevor wir es verschlucken, schauen wir es nicht an und sagen: »Zehn Tropfen von dir sind für meine Milz bestimmt, fünfzig brauche ich für das Herz-Kreislaufsystem und der Rest von euch geht Richtung Norden in meinen Kopf. Der braucht heute besonders viel.« Irgendwie weiß Wasser selbst, wo es hinzufließen hat.

Auch Jesus weiß das. Unsere Anweisungen braucht er nicht, aber unsere Genehmigung. Wie Wasser kommt Jesus nicht, wenn wir ihn nicht aufnehmen. Wir müssen uns willig unter seine Herrschaft stellen. Man kann bis zur Hüfte tief in einem Fluss stehen und trotzdem verdursten. Solange man das Wasser nicht schöpft und trinkt, nützt es einem nichts. Auch Christus nützt uns nichts, wenn wir ihn nicht in uns aufnehmen.

Haben Sie Durst? Sehnen Sie sich danach, Ihre Angst, Unsicherheit und Schuld fortzuspülen? Es ist möglich. Schauen Sie, an wen seine Einladung gerichtet ist. »Wenn *jemand* Durst hat, soll er zu mir kommen und trinken« (V. 37, Kursivschrift vom Autor). Sind Sie *jemand*? Wenn ja, kommen Sie zum Brunnen. Dieses Wasser ist für Sie da.

Menschen jeden Alters, jeden Geschlechts und jeder Rasse sind eingeladen. Schurken, Schufte, Halunken und Tölpel, alle sind willkommen. Man muss nicht reich oder religiös oder erfolgreich sein, um trinken zu dürfen. Man muss nur der Anordnung nachkommen, was – oder besser gesagt, *wen* – man trinken soll: Ihn. Wenn Jesus das tun soll, was Wasser tut, müssen Sie ihn tief, ganz tief in Ihr Herz eindringen lassen.

Verinnerlichen Sie ihn. Nehmen Sie ihn in sich auf. Laden Sie ihn in das Innerste Ihres Lebens ein. Lassen Sie Christus zum Wasser für Ihre Seele werden.

Wie geschieht das? Achten Sie zunächst auf Ihren Durst. Setzen Sie sich nicht über Ihre Einsamkeit hinweg. Streiten Sie Ihren Ärger nicht ab. Ihre innere Unruhe, Ihre Magenkrämpfe, das Angstgefühl, das Sie in Schweiß ausbrechen lässt, all das lässt Warnsignale im Himmel aufleuchten: *Wir hier unten brauchen Wasser!* Lassen Sie Ihr Herz nicht wie eine Rosine vertrocknen. Bewässern Sie Ihre Seele, um derer willen, die Ihre Liebe brauchen! Achten Sie auf Ihren Durst.

Und trinken Sie gutes Wasser. Verschlucken Sie keinen Schmutz und keine Steine. Trinken Sie Plastik oder Papier oder Pfeffer? Natürlich nicht! Wir haben gelernt, nach dem Richtigen zu greifen, wenn es um körperlichen Durst geht. Tun Sie das Gleiche für Ihr Herz! Nicht alles, was Sie zu Ihren Lippen führen, stillt Ihren Durst. Die Arme verbotener Liebe befriedigen vielleicht eine Zeit lang, aber eben nur eine Zeit lang. Wochen mit einer Arbeitszeit von achtzig Stunden verleihen ein Gefühl der Erfüllung, löschen aber niemals den Durst.

Nehmen Sie sich besonders die Flasche mit der Aufschrift »Religion« vor. Jesus hat das getan. Achten Sie auf das Umfeld, in dem er spricht. Er wendet sich nicht an Prostituierte, Unruhestifter, Gefängnisinsassen oder Jugendliche in Erziehungsheimen. Nein, er spricht bei einer religiösen Versammlung zu Kirchgängern. Dieser Tag ist ein kirchlicher Höhepunkt, etwa vergleichbar mit dem Ostersonntag im Vatikan. Man erwartet fast, dass im nächsten Vers der Papst erscheint. Religiöse Symbole sind reichlich vorhanden: der Tempel, der Altar, die Posaunen und die Priestergewänder. Er hätte auf jedes dieser Dinge zeigen und sie als eine Quelle zum Trinken bezeichnen können. Doch er tut es nicht. Diese Dinge sind eben nur Symbole.

Er weist auf sich selbst hin, den einen, auf den die Symbole hindeuten und in dem sie erfüllt sind. Die Religion beruhigt, doch sie kann nie Befriedigung schenken. Kirchliche Betätigungen überspielen möglicherweise den Durst, doch nur Christus stillt ihn. Trinken Sie *ihn*.

Und trinken Sie oft. Jesus benutzt ein Verb, das wiederholtes Trinken nahe legt. Wörtlich sagt er: »Er soll kommen und trinken und nicht aufhören zu trinken.« Eine einzige Flasche ist nicht genug für Ihren Durst. Nur regelmäßiges Trinken befriedigt durstige Kehlen. Unaufhörliche Gemeinschaft befriedigt durstige Seelen.

Dazu gebe ich Ihnen folgendes Werkzeug: ein Gebet für das durstige Herz. Haben Sie es, wie ein Fahrradfahrer seine Wasserflasche, immer bei sich. Das Gebet umreißt vier wesentliche Flüssigkeiten für die Bewässerung der Seele: Gottes **W**erk, Gottes **E**nergie, Gottes **L**eitung und seine **L**iebe. Sie können sich das Gebet leicht merken, wenn Sie an das Wort *W-E-L-L* (deutsch: Quelle/Brunnen) denken.

> Herr, durstig komme ich zu dir. Ich komme, um zu trinken, um zu nehmen. Ich nehme dein *Werk* am Kreuz und in deiner Auferstehung an. Meine Sünden sind vergeben, und mein Tod ist besiegt. Ich nehme deine *Energie* für mich in Anspruch. Mit der Kraft deines Heiligen Geistes kann ich durch Christus, der mir Kraft gibt, alles tun. Ich nehme deine *Leitung* an. Ich gehöre dir. Nichts kommt auf mich zu, das nicht an dir vorübergegangen ist. Und ich nehme deine *Liebe* entgegen. Nichts kann mich von deiner Liebe trennen.

Brauchen Sie nicht regelmäßig einen Schluck aus Gottes Wasserspeicher? Ich schon. Ich habe dieses Gebet schon in zahllosen Situationen gesprochen: bei anstrengenden Sitzungen, an lustlosen Tagen, bei langen Autofahrten, bei strapaziösen Reisen und ausschlaggebenden Entscheidungen. Viele Male am Tag steige ich zur Quelle Gottes hinunter und nehme von neuem sein Werk für meine Sünde und meinen Tod, die Energie seines Geistes, seine Leitung und seine Liebe an.

Trinken Sie mit mir aus diesem bodenlosen Brunnen. Sie müssen nicht mit einem vertrockneten Herzen leben.

> Nehmen Sie das *Werk* von Christus am Kreuz,
> die *Energie* seines Geistes,
> seine *Leitung* in Ihrem Leben,
> seine unendliche, unerschöpfliche *Liebe* an.

Trinken Sie kräftig und oft. Und aus Ihrem Inneren werden Ströme lebendigen Wassers fließen.

TEIL 1

SEIN WERK ANNEHMEN

2.

SÜNDENIMPFUNG

Im Oktober 1347 kehrte eine genuesische Flotte vom Schwarzen Meer zurück. Teil ihrer Fracht war ein Todesurteil für Europa. Als die Schiffe in Messina in Italien landeten, waren die meisten der Seeleute tot. Die wenigen Überlebenden wünschten, sie wären gestorben. Sie wurden von Fieber geschüttelt. Eiternde Geschwüre bedeckten ihren Körper. Die Behörden befahlen den Schiffen, den Hafen zu verlassen, doch es war zu spät. Von Flöhen befallene Ratten waren bereits über die Taue entwischt und in das Dorf gelangt, und die Beulenpest begann ihren erbarmungslosen Zug über den Kontinent.

Die Krankheit folgte den Handelsstraßen in Richtung Norden, durch Italien nach Frankreich und in die nordeuropäischen Länder. Im Frühling hatte sie die Grenze nach England überschritten. Innerhalb von nur fünf grausamen Jahren starben fünfundzwanzig Millionen Menschen, ein Drittel der Bevölkerung Europas. Und das war erst der Anfang.

Drei Jahrhunderte später wütete die Krankheit immer noch. 1665 starben während einer Epidemie hunderttausend Londoner. Insgesamt verloren innerhalb einer Woche etwa siebentausend Menschen das Leben, bis ein bitterer, gnädig kalter Winter die Flöhe tötete.

Es gab keine Behandlung, keine Hoffnung. Die Gesunden stellten die Angesteckten unter Quarantäne. Die Angesteckten zählten ihre Tage.

Wenn man eine Liste mit den härtesten Geißeln der Geschichte aufstellt, steht die Pest weit oben. Doch sie steht nicht an oberster Stelle. Nennen wir die Krankheit katastrophal, verhängnisvoll. Doch sie ist nicht die tödlichste Heimsuchung der Menschen. Die Bibel spart diesen Titel für ein dunkleres Unheil, für eine ältere Seuche auf, zu der im Vergleich die Pest so harmlos wie ein Bläschenausschlag scheint. Keine Kultur, keine Nation, kein Mensch entgeht der Infektion der Sünde.

Das Bakterium *Yersinia pestis* ist schuld an der Pest. Eine gottlose Entscheidung ist an der Geißel der Sünde schuld. Adam und Eva schenkten dem Zischen der Schlange ihre Aufmerksamkeit und setzten sich zum ersten Mal über Gott hinweg. Eva fragte nicht: »Gott, was willst du?« Adam schlug nicht vor: »Fragen wir zuerst den Schöpfer.« Sie handelten so, als hätten sie keinen himmlischen Vater. Gottes Wille wurde übergangen, und die Sünde, mit dem Tod im Gefolge, kam in die Welt.

Die Sünde sieht die Welt ohne Gott.

Während wir die Sünde für einen Schnitzer oder einen Fehltritt halten, betrachtet Gott sie als gottlose Gesinnung, die zu gottlosen Taten führt. »Wir gingen alle in die Irre wie Schafe, ein jeder sah auf seinen Weg« (Jesaja 53,6; Luther 84). Ein sündiges Herz lässt Gott links liegen. Es sucht nicht Gottes Rat, fragt nicht nach seiner Meinung, achtet nicht auf seinen Plan. Menschen, die mit Sünde infiziert sind, haben so viel Achtung vor Gott wie Vierzehnjährige vor einem Vertretungslehrer – sie nehmen ihn hin, nehmen ihn aber nicht ernst.

Wenn Gott nicht im Mittelpunkt steht, macht sich Selbstsucht breit. Bei der Sünde dreht sich alles um das Ich. Die Sünde verkündet: »Es ist dein Leben! Pumpe deinen Körper voll mit Drogen, dein Herz voll mit Habgier und deine Nächte voll mit Vergnügen.« Die Gottlosen führen ein vom Ich beherrschtes, unmündiges Leben, sie tun das, wozu sie Lust haben, wann immer sie dazu Lust haben (frei nach Epheser 2,3).

Gott sagt mir, ich soll lieben. Ich entscheide mich für Hass.

Gott fordert mich zur Vergebung auf. Ich will abrechnen.

Gott ermahnt zu Selbstbeherrschung. Ich werbe für ein Sichgehenlassen.

Eine Zeit lang löscht die Sünde den Durst. Doch das tut auch

Salzwasser. Später kommt der Durst noch brennender zurück und fordert mehr als je zuvor. »Gleichgültig überlassen sie sich ganz ihren ausschweifenden Leidenschaften und suchen gierig nach jeder Art von Verlockung« (Epheser 4,19).

Wir zahlen einen hohen Preis für eine solche Selbstbesessenheit. »Deshalb können Menschen, die noch von ihrer menschlichen Natur beherrscht werden, Gott niemals gefallen« (Römer 8,8). Paulus spricht von Sündern, als er diese Menschen beschrieb:

> Obwohl sie von Gott wussten, wollten sie ihn nicht als Gott verehren oder ihm danken. Stattdessen fingen sie an, sich unsinnige Vorstellungen von Gott zu machen, und ihr Verstand verfinsterte sich und wurde verwirrt. ...
> Deshalb hat Gott sie ihren schamlosen Begierden und unreinen Leidenschaften überlassen, sodass sie untereinander ihre eigenen Körper schändeten.
> (Römer 1,21+24)

Man kann das Chaos sehen. Der Mann, der seine Frau im Stich lässt, der Diktator, der Millionen hinrichtet, erwachsene Männer, die Minderjährige verführen, Junge, die Alten eindeutige Angebote machen. Wenn jeder tut, was er will, und keiner nach Gott fragt, bricht die Menschheit im Inneren zusammen. Die Infektion eines Menschen führt zum Verderben vieler. Der puritanische Pfarrer Joseph Alleine drückte es so aus: »O du elender Mensch, zu welch entstelltem Monstrum hat dich die Sünde gemacht! Gott hat dich ›nur wenig geringer als die Engel‹ geschaffen, aber die Sünde hat dich wenig besser als die Teufel gemacht.«[1] Wenn Gott beiseite geschafft wird, muss man mit einem Chaos auf der Erde und, was viel schlimmer ist, mit ewigem Elend rechnen.

Gott hat es klar und deutlich gesagt. Die Pest der Sünde wird die Ufer seines Reiches nicht überschreiten. Infizierte Seelen werden nie auf den Straßen in seinem Reich gehen. »Wisst ihr nicht, dass Menschen, die Unrecht tun, keinen Anteil am Reich Gottes erhalten werden? Täuscht euch nicht. Menschen, die sich auf Unzucht einlassen, Götzendiener, Ehebrecher, Prostituierte, Homosexuelle, Diebe, Habgierige, Trinker, Lästerer, Räuber – keiner von ihnen wird am Reich Gottes teilhaben« (1. Korinther 6,9-10). Gott weigert sich, die geistliche Reinheit des Himmels aufs Spiel zu setzen.

Darin liegt die schreckliche Frucht der Sünde. Wer ein gottloses Leben führt, hat mit einer gottlosen Ewigkeit zu rechnen. Wenn man sein Leben lang von Gott in Ruhe gelassen werden will, dann erfüllt Gott diesen Wunsch. Gott gewährt diesen Menschen ein Dasein »ohne Gott und ohne Hoffnung« (Epheser 2,12). Jesus wird kommen, »um das Gericht über diejenigen zu bringen, die Gott nicht kennen, und über diejenigen, die der Botschaft von Jesus, unserem Herrn, nicht gehorchen. Sie werden mit ewigem Verderben bestraft werden und für immer vom Herrn und seiner herrlichen Macht getrennt sein« (2. Thessalonicher 1,8-9).

Jesus macht aus der Hölle kein Geheimnis. Seine Beschreibung lässt absichtlich die Seele erschauern:
- ein Ort tiefster Dunkelheit (Matthäus 8,12)
- ein feuriger Ofen (Matthäus 13,42)
- ein Ort, »wo der Wurm nicht stirbt und das Feuer nicht erlischt« (Markus 9,48).

Die Bewohner der Hölle möchten sterben, können es aber nicht. Sie bitten um Wasser, erhalten aber keines. Sie geraten in eine Nacht ohne Morgengrauen.

Was können wir also tun? An wen können wir uns wenden, wenn alle infiziert sind und wenn die ganze Welt verdorben ist?

Wir können auch erneut die große Frage der Bibel stellen: »Was muss ich tun, um gerettet zu werden?« (Apostelgeschichte 16,30). Die Antwort, die damals gegeben wurde, gilt auch heute noch: »Glaube an Jesus, den Herrn« (Apostelgeschichte 16,31).

Warum Jesus? Warum nicht Mohammed oder Moses, Joseph Smith oder Buddha? Warum ist alleine Jesus fähig, die an Sünde Erkrankten zu retten? In einem Satz ausgedrückt: *Christus, der Sündlose, wurde zur Sünde, damit wir, die Sünder, für sündlos gehalten werden können.* »Denn Gott machte Christus, der nie gesündigt hat, zum Opfer für unsere Sünden, damit wir durch ihn vor Gott gerechtfertigt werden können« (2. Korinther 5,21). Christus wurde nicht nur das Opfer für unsere Sünden, indem er Gottes Zorn für die Sünden der Menschheit auf sich nahm, er besiegte auch die Strafe für die Sünde (den Tod) durch seine Auferstehung von den Toten.

Von Gottes Standpunkt aus liegt das größte Elend des Lebens darin, dass Menschen in Sünde sterben. In einem einzigen Satz warnte Jesus zweimal: »Deshalb habe ich gesagt, dass ihr in eurer Sünde sterben werdet: Weil ihr nicht an mich als den glaubt, der ich bin, werdet ihr in eurer Sünde sterben« (Johannes 8,24). Vergessen Sie Erdbeben und Wirtschaftsflauten. Die größte Katastrophe ist es, wenn Sie Ihre Sünden mit in den Sarg nehmen. Im Himmel kann man sich keine schlimmere Tragödie vorstellen. Und der Himmel kann kein größeres Geschenk als dieses machen: »Christus ... hat nie gesündigt, aber er starb für die Sünder, um uns zu Gott zurückzubringen« (1. Petrus 3,18).

Was wäre geschehen, wenn ein Wundertäter etwas Ähnliches mit der Pest getan hätte? Stellen Sie sich einen Mann vor, der mit einer Resistenz gegen die Pest geboren wurde. Das Bakterium kann nicht in seinen Körper eindringen, wenn er es nicht zulässt. Doch, es ist kaum zu glauben, genau das tut er. Er geht den Infizierten nach und macht ihnen ein Angebot: »Berühre meine Hand. Gib mir deine Krankheit, dann gebe ich dir meine Gesundheit.«

Die von Geschwüren und Fieber Geplagten haben nichts zu verlieren. Sie schauen seine ausgestreckte Hand an und berühren sie. Und wie der Mann versprochen hatte, wechseln die Bakterien aus ihrem Körper in seinen Körper über. Doch ihre Heilung wird zu seiner Qual. Auf seiner Haut brechen Geschwüre hervor und sein Körper windet sich vor Schmerzen. Während die Geheilten in scheuer Ehrfurcht dastehen, humpelt der Träger der Krankheit davon.

In unseren Geschichtsbüchern steht keine solche Geschichte. Aber in unserer Bibel.

> Die Strafe liegt auf ihm, auf dass wir Frieden hätten, und durch seine Wunden sind wir geheilt. ...
> Der Herr warf unser aller Sünde auf ihn. ...
> [Er hat] die Sünde der Vielen getragen und für die Übeltäter gebeten.
> (Jesaja 53,5-6+12; Luther 84)

Christus antwortet auf die weltumfassende Sünde mit einem weltumfassenden Opfer, indem er die Sünden der ganzen Welt auf sich nimmt. Das ist das Werk von Christus *für* Sie. Doch Gottes Lied der Rettung hat zwei Strophen. Er hat nicht nur Ihren Platz am Kreuz eingenommen, er nimmt seinen Platz in Ihrem Herzen ein. Das ist der zweite Vers: das Werk von Christus *in* Ihnen.

»Ich lebe, aber nicht mehr ich selbst, sondern Christus lebt in mir«, erklärte Paulus (Galater 2,20).

Einer anderen Gemeinde schrieb er: »Erkennt ihr denn nicht, dass ihr der Tempel Gottes seid und dass der Geist Gottes in euch wohnt?« (1. Korinther 3,16).

Bei der Rettung zieht Gott in die Herzen seiner Adams und Evas ein. Er nimmt dauerhaft in uns Wohnung. Das hat beeindruckende Folgen. »Der Geist Gottes, der Jesus von den Toten auferweckt hat, lebt in euch. Und so wie er Christus von den Toten auferweckt hat, wird er auch euren sterblichen Körper durch denselben Geist lebendig machen, der in euch lebt« (Römer 8,11).

Ich möchte Ihnen jetzt erklären, wie das geschieht. Es dauerte dreihundert Jahre, aber schließlich erreichte die Pest das malerische Dorf Eyam in England. George Viccars, ein Schneider, packte das Paket aus, das von London geschickt worden war. Der Stoff, den er bestellt hatte, war angekommen. Doch als er es öffnete und den Stoff ausschüttelte, sprangen mit der Pest infizierte Flöhe heraus. Nach vier Tagen war er tot, und das Dorf war verloren. Die Gemeinde stellte sich aufopfernd selbst unter Quarantäne, um die Region zu schützen. Andere Dörfer legten Nahrung in einem offenen Feld ab und ließen die Menschen von Eyam alleine sterben. Zur Verwunderung aller überlebten viele. Ein Jahr später, als Außenstehende das Dorf wieder besuchten, stellten sie fest, dass die Hälfte der Einwohner die Krankheit überlebt hatte. Wie war das möglich? Sie waren mit der Krankheit in Berührung gekommen, hatten die Bakterien eingeatmet. Eine überlebende Mutter hatte innerhalb einer Woche sechs Kinder und ihren Mann begraben. Der Totengräber hatte Hunderte Leichen berührt, doch er war nicht gestorben. Warum nicht? Wie hatten sie überlebt?

Der Grund liegt in der Vererbung. Durch DNA-Analysen an Nachkommen konnten Wissenschaftler ein Gen nachweisen, das die Krankheit abwehrte. Das Gen schützte die weißen Blutkörperchen und verhinderte den Eintritt der Bakterien. Mit anderen Worten, die Pest konnte Menschen mit diesem Gen berühren, aber nicht töten. Folglich schwamm ein Teil der Bevölkerung in einem Meer der Infektion, tauchte aber unversehrt wieder auf. Und das nur, weil diese Menschen die richtigen Eltern hatten.[2] Worin liegt das Geheimnis des Überlebens der Pest? In den richtigen Vorfahren.

Natürlich kann sich niemand seine Vorfahren aussuchen. Doch bei Gott ist es möglich. Sie können Ihren geistlichen Vater auswählen. Sie können Ihren Stammbaum wechseln: den Stammbaum Adams mit dem Stammbaum Gottes tauschen. Und wenn Sie das tun, zieht Gott bei Ihnen ein. Sie bekommen seine Widerstandskraft. Seine Teflon-Beschichtung wird zu Ihrer. Die Sünde kann Sie verlocken, aber nie versklaven. Die Sünde kann und wird Sie berühren, entmutigen und quälen, aber sie kann Sie nicht verurteilen. Christus ist in Ihnen und Sie sind in ihm, und es gibt »jetzt für die, die zu Christus Jesus gehören, keine Verurteilung mehr« (Römer 8,1).

Darf ich Sie inständig bitten, dieser Wahrheit zu vertrauen? Beten Sie immer wieder: »Herr, ich nehme dein Werk an. Meine Sünden sind vergeben.« Vertrauen Sie dem Werk Gottes *für* Sie. Vertrauen Sie dann der Gegenwart von Christus *in* Ihnen. Trinken Sie oft aus seinem erfrischenden Brunnen der Gnade. Sie müssen regelmäßig daran erinnert werden, dass Sie nicht tödlich getroffen sind. Leben Sie nicht so, als seien Sie es.

Vor ein paar Jahren bemerkte ich ein Zucken in meinem linken Daumen. Wenn ich ihn ausstreckte, zitterte er. Sofort stellte ich mir das Schlimmste vor. Mein Vater war an der Charcot-Krankheit gestorben, und jetzt war ich wohl an der Reihe. Bevor ich zu einem Arzt ging, bereitete ich Denalyn auf das Leben als junge Witwe vor.

Es stellte sich heraus, dass ich Unrecht hatte. Es wurde keine Krankheit festgestellt. Der Grund für das Zittern lag vielleicht an zu viel Koffein, am Stress oder vielleicht an der Vererbung, doch der Arzt teilte mir mit: »Sie haben keine amyotrophe Lateralsklerose. Sie sind gesund.«

Nachdem ich das gehört hatte, tat ich, was Sie vielleicht erwartet haben. Ich begann zu weinen und fragte: »Wie viel Zeit bleibt mir noch?«

Der Arzt war erstaunt.

»Können Sie mir helfen, es meiner Frau zu sagen?«

Er antwortete immer noch nicht. Da ich annahm, dass es ihm zu nahe ging, umarmte ich ihn kurz und ging.

Auf dem Heimweg hielt ich an einem Sanitätsgeschäft an und bestellte einen Rollstuhl und ein Krankenhausbett und erkundigte mich nach häuslicher Krankenpflege. Ich rief Denalyn an und sagte ihr, dass ich schlechte Nachrichten habe.

Moment mal, denken Sie jetzt. *Haben Sie nicht gehört, was der Arzt Ihnen sagte?*

Und ich frage mich: *Haben Sie nicht gehört, was der Himmel Ihnen sagte?*

Christus lebt in Ihnen. »Das Blut von Jesus ... reinigt uns von jeder Schuld« (1. Johannes 1,7). Warum haben wir dann diese Schuldgefühle? Warum den Kummer? Warum sind wir so verschämt? Sollten wir nicht mit einem Lächeln, mit einer überschäumenden Freude und einem Funkeln in den Augen leben?

Wie reagierte ich tatsächlich, als der Arzt mich über das Zittern meines Daumens aufklärte? Ich schüttelte meinem Arzt die Hand, lächelte der Sekretärin zu und rief Denalyn an, um ihr die gute Nachricht mitzuteilen. Und wenn ich jetzt sehe, wie mein Daumen zittert, dann führe ich es auf meinen alternden Körper zurück und vertraue den Worten meines Arztes.

Tun Sie das Gleiche. Denn wie mein Daumen gelegentlich zittert, werden Sie gelegentlich sündigen. Und wenn das geschieht, denken Sie daran: Die Sünde kann Sie berühren, aber sie kann keinen Anspruch auf Sie erheben. Christus lebt in Ihnen! Vertrauen Sie seinem Werk *für* Sie. Er hat Ihren Platz am Kreuz eingenommen. Und vertrauen Sie seinem Werk *in* Ihnen. Ihr Herz ist sein Zuhause, und er ist Ihr Herr.

3. WENN GNADE TIEF EINDRINGT

WENN GNADE TIEF EINDRINGT

Mühsam schleppt sich der verlorene Sohn den Weg entlang. Wegen des Schweinegestanks, der ihn umgibt, machen die Vorübergehenden einen weiten Bogen um ihn, doch das merkt er nicht. Gesenkten Blickes übt er mit kaum hörbarer Stimme seine Rede: »Vater, ich habe gesündigt, gegen den Himmel und auch gegen dich, und ich bin es nicht mehr wert, dein Sohn zu heißen« (Lukas 15,18). Er sagt die Worte immer wieder und fragt sich, ob er mehr oder vielleicht weniger sagen sollte oder ob es eigentlich nicht das Beste wäre, in den Schweinestall zurückzukehren. Schließlich hat er sein Vermögen verschleudert und den Familiennamen in den Schmutz gezogen. Im Verlauf des vergangenen Jahres war er nicht selten mit einem Kater, einem Brummschädel und Frauen im Bett aufgewacht, und er hatte mehr Tätowierungen als ein Rockstar. Wie konnte sein Vater ihm vergeben? *Vielleicht könnte ich vorschlagen, dass ich alles zurückzahle, was ich mit den Kreditkarten bezahlt habe.* Er ist so sehr in Gedanken an seine Strafe versunken, dass er gar nicht sieht und hört, wie sein Vater ihm entgegeneilt!

Der Vater umarmt den vor Schmutz strotzenden Sohn, als sei er ein zurückkehrender Kriegsheld. Er befiehlt den Dienern, frische Kleidung, einen Ring und Schuhe zu bringen, als wollte er sagen: »Mein Sohn hat nicht wie ein Schweinehirte auszusehen. Werft den Grill an und bringt etwas zum Trinken. Es ist Zeit für ein Fest!«

In der Zwischenzeit steht der ältere Bruder im Hof und spielt den Beleidigten. »Für mich hat noch nie jemand ein Fest gegeben«, brummelt er mit verschränkten Armen.

Der Vater versucht es zu erklären, doch der eifersüchtige Sohn hört nicht auf ihn. Verärgert zuckt er mit den Schultern und murmelt etwas von billiger Gnade. Dann sattelt er sein Pferd und reitet davon. Doch Sie kennen die Geschichte. Sie haben das Gleichnis vom großmütigen Vater und dem feindseligen Bruder gelesen (siehe Lukas 15,11-32).

Haben Sie gehört, wie es weiterging? Haben Sie das zweite Kapitel gelesen? Es ist wirklich spannend. Der ältere Bruder beschließt, einen Wermutstropfen in den Jubel über die Vergebung zu gießen. *Wenn Papa keine gerechte Strenge gegenüber dem Jungen walten lässt, dann tue ich es.*

»Tolle Kleidung, kleiner Bruder«, sagt er ihm eines Tages. »Pass auf, dass alles sauber bleibt. Ein Fleck, und Papa setzt dich vor die Tür.«

Der jüngere Bruder macht eine lässige Handbewegung, doch als er das nächste Mal mit seinem Vater zusammenkommt, überprüft er schnell, ob nicht doch ein Flecken auf seiner Kleidung ist.

Wenige Tage danach warnt ihn der große Bruder hinsichtlich des Rings. »Tolles Schmuckstück, das Papa dir gegeben hat. Er sähe es gern, wenn du den Ring am Daumen trägst.«

»Am Daumen? Das hat er mir nicht gesagt.«

»Einige Dinge muss man einfach selber wissen.«

»Aber er passt doch gar nicht auf meinen Daumen.«

»Was ist dein Ziel – unserem Vater eine Freude machen oder dein eigenes Wohlbefinden?«, stichelt der geistliche Mahner und geht davon.

Der große Bruder ist noch nicht fertig. Mit der Liebenswürdigkeit eines verdrießlichen Steuerprüfers beanstandet er: »Wenn Papa dich mit den lockeren Schnürsenkeln sieht, nimmt er dir die Schuhe ab.«

»Das glaube ich nicht. Er hat sie mir geschenkt. So etwas würde er nie tun ... oder doch?« Der ehemals verlorene Sohn beugt sich und bindet die Schuhbänder fest. Dabei entdeckt er einen Schmutzfleck auf seiner Kleidung. Als er versucht, ihn wegzureiben, erkennt er, dass der Ring am Ringfinger und nicht am Daumen steckt. Genau in diesem Augenblick hört er die Stimme seines Vaters: »Hallo, mein Sohn.«

Hier sitzt der Junge, mit befleckter Kleidung, losen Schnürsenkeln und einem Ring an der falschen Stelle. Voll Angst reagiert er mit einem »Tut mir Leid, Papa« und dreht sich um und rennt davon.

Es ist zu viel. Die Kleidung fleckenlos, den Ring an der rechten Stelle, die Schuhe fest zugebunden halten – wer kann all diesen Anforderungen genügen? Die Instandhaltung der Geschenke belastet den jungen Mann. Er meidet seinen Vater, den er, wie er meint, nicht zufrieden stellen kann. Er trägt die Geschenke nicht mehr, die er nicht in Ordnung halten kann. Er beginnt sogar, sich nach den einfacheren Tagen im Schweinestall zu sehnen. »Dort war wenigstens niemand hinter mir her.«

Das ist die Fortsetzung der Geschichte. Sie fragen sich, wo ich sie gefunden habe? Auf Seite 1892 meiner Bibel, im Galaterbrief. Wegen einiger großer Brüder, die auf den Buchstaben des Gesetzes pochten, verließen sich die Leser von Paulus nicht mehr auf die Gnade, sondern bemühten sich, das Gesetz zu halten. Ihr Leben als Christ war so beglückend wie eine Magenspiegelung geworden. Paulus war bestürzt.

> Ich kann es nicht fassen, dass ihr euch so schnell von Gott abwendet, der euch in seiner Gnade zum ewigen Leben berufen hat, das er den Menschen durch Christus schenkt. Schon folgt ihr einer anderen, fremden Lehre, die als gute Botschaft daherkommt und es doch nicht ist. Ihr lasst euch von Leuten täuschen, die die Botschaft von Christus verfälschen. ... Und doch wissen wir, dass der Mensch vor Gott nicht durch das Halten des Gesetzes gerecht gesprochen wird, sondern durch den Glauben an Jesus Christus. Wir sind zum Glauben an ihn gekommen,

damit wir durch diesen Glauben von Gott angenommen werden, und nicht etwa, weil wir dem Gesetz gehorcht haben. Denn durch das Befolgen des Gesetzes wird niemand vor Gott gerecht.

(Galater 1,6-7; 2,16)

Freudendämpfer waren auch in der Gemeinde von Rom am Werk. Paulus musste sie daran erinnern: »Gerecht gesprochen aber wird ein Mensch aufgrund seines Glaubens, nicht aufgrund seiner Taten« (Römer 4,5).

Die Christen in Philippi hörten die gleichen Dummheiten. Große Brüder forderten sie nicht auf, einen Ring am Daumen zu tragen, sondern behaupteten: »Ihr müsst euch beschneiden lassen, um gerettet zu werden« (Philipper 3,2).

Sogar die Gemeinde in Jerusalem, die Vorzeige-Gemeinde, hörte die eindringliche Litanei der Gesetzeskonformen. Den nichtjüdischen Gläubigen wurde eingeschärft: »Wenn ihr den jüdischen Brauch der Beschneidung nach der Lehre des Mose nicht einhaltet, könnt ihr nicht gerettet werden« (Apostelgeschichte 15,1).

Diese Gemeinden litten alle an derselben Seuche: Gnadensperre. Der Vater lässt einen möglicherweise durch das Tor eintreten, aber man muss seinen Platz am Tisch verdienen. Gott leistet die Anzahlung für unsere Erlösung, aber wir müssen die Monatsraten entrichten. Der Himmel stellt das Boot zur Verfügung, aber wir müssen rudern, um ans andere Ufer zu kommen.

Gnadensperre: Man netzt die Lippen, aber man trinkt nicht. Man nippt, aber man löscht seinen Durst nicht. Können Sie sich diese Tafel über einem Brunnen vorstellen: »Bitte nicht hinunterschlucken. Füllen Sie Ihren Mund, aber nicht Ihren Magen.«

Das wäre unsinnig. Was nützt Wasser, wenn man es nicht trinken kann? Und was nützt Gnade, wenn man sie nicht tief eindringen lässt?

Tun Sie das? Welches der beiden Bilder beschreibt Ihr Herz am besten: ein durchnässtes Kind, das vor einem offenen Hydranten tanzt, oder ausgetrocknetes Steppengras? Sie können es wissen, wenn Sie die folgende Frage beantworten: *Bestimmt* Gottes Gnade, wer Sie sind? Gnade, die tief in unser Wesen eindringt, klärt ein für alle Mal, wer wir sind.

> Doch Gott ist so barmherzig und liebte uns so sehr, dass er uns, die wir durch unsere Sünden tot waren, mit Christus neues Leben schenkte, als er ihn von den Toten auferweckte. Nur durch die Gnade Gottes seid ihr gerettet worden! Denn er hat uns zusammen mit Christus von den Toten auferweckt und wir gehören nun mit Jesus zu seinem himmlischen Reich. So wird er für alle Zeiten an uns seine Güte und den Reichtum seiner Gnade sichtbar machen, die sich in allem zeigt, was er durch Christus Jesus für uns getan hat. Weil Gott so gnädig ist, hat er euch durch den Glauben gerettet. Und das ist nicht euer eigener Verdienst; es ist ein Geschenk Gottes. Ihr werdet also nicht aufgrund eurer guten Taten gerettet, damit sich niemand etwas darauf einbilden kann.
>
> (Epheser 2,4-9)

Schauen wir, wie die Gnade uns bestimmt.
- Wir sind geistlich lebendig: Gott hat uns neues Leben geschenkt (V. 5);
- wir haben einen Platz im Himmel: Wir gehören zu seinem himmlischen Reich (V. 6);
- wir sind mit Gott verbunden: Wir sind »zusammen mit Christus« (V. 6);
- wir sind Bestätigungen seiner Barmherzigkeit: An uns wird seine Güte und der Reichtum seiner Gnade sichtbar (V. 7);

• wir sind geehrte Kinder: Unsere Rettung ist ein Geschenk Gottes (V. 8).

Sie werden von der Gnade bestimmt. Je mehr die Gnade in Sie eindringt, umso mehr verblassen die irdischen Etiketten. Die Gesellschaft stempelt Sie ab, etikettiert Sie wie eine Konservendose auf dem Fließband. Dumm, nicht kreativ, lernt langsam, spricht unüberlegt, Drückeberger, Geizkragen. Doch in dem Maße, wie die Gnade eindringt, löst sich die Kritik auf. Sie wissen, dass Sie nicht das sind, was die anderen sagen. Sie wissen, dass Sie das sind, was Gott sagt. Sie sind geistlich lebendig, Sie haben einen Platz im Himmel, Sie sind mit dem Vater verbunden, Sie sind eine Bestätigung von Gottes Barmherzigkeit und sein geehrtes Kind.

Natürlich sind nicht alle Etiketten abschätzig. Manche Menschen halten Sie für geschickt, klug, erfolgreich oder leistungsfähig. Doch sogar ein Büro im Weißen Haus hält den Vergleich mit unserem Platz im Himmel nicht stand. Gott schafft den Lebenslauf eines Christen.

Ganz sicher war das bei Mefi-Boschet der Fall. Sein Leben wurde völlig neu gemacht. Nachdem David den Thron Sauls bestiegen hatte, fragte er sich: »Ist noch jemand übrig geblieben von dem Hause Sauls, damit ich Barmherzigkeit an ihm tue um Jonatans willen?« (2. Samuel 9,1; Luther 84).

Vielleicht erinnern Sie sich daran, dass die Philister Saul im Kampf besiegt hatten. Nachdem sich der Konflikt gelegt hatte, wollte David den Nachkommen Sauls Barmherzigkeit erweisen. Ein Diener namens Ziba erinnerte sich: »Es ist noch ein Sohn Jonatans da, lahm an den Füßen« (V. 3). Kein Name wurde genannt, nur ein Problem. Dieser Junge war durch ein Missgeschick abgestempelt. Ein paar Kapitel vorher erfahren wir von dem Unfall. Als die Nachricht von Sauls und Jonatans Tod in der Hauptstadt eintraf, packte ein Kindermädchen im Haus Jonatans den Fünfjährigen und floh. Doch in der Eile stolperte sie und ließ ihn fallen, weshalb der Junge an beiden Füßen gelähmt wurde.

An wen kann sich ein solches Kind wenden? Der Junge kann nicht gehen. Er kann nicht arbeiten. Vater und Großvater sind tot. Wohin kann der behinderte Enkel eines gescheiterten Machthabers gehen?

Wie wäre es mit Lo-Dabar? Klingt wie ein trostloser Ort ohne jeden Reiz. Der richtige Platz für Mefi-Boschet, den Jungen mit dem unaussprechlichen Namen, der fallen gelassen wurde und auf den Boden fiel, wie ein Kürbis aus einer zerrissenen Papiertüte. Den Rest seines Lebens wird er wohl in der Sozialbausiedlung von Lo-Dabar verbringen.

Kennen Sie die Straßen dieser Stadt? Wenn Sie je fallen gelassen wurden, dann kennen Sie sich dort aus. Sie wurden von der Liste gestrichen, von jemandem im Stich gelassen, vom Team fallen gelassen, im Waisenhaus zurückgelassen? Und jetzt humpeln Sie. Die Leute erinnern sich nicht an Ihren Namen, nur an Ihr Problem. »Er ist Alkoholiker.« »O ja, ich erinnere mich an sie. Die Witwe.« »Sie meinen die geschiedene Frau aus Nirgendstadt?« »Nein, aus Lo-Dabar.« Sie sind abgestempelt, haben Ihr Etikett aufgeklebt bekommen.

Doch dann geschieht etwas wie im Märchen von Aschenputtel. Die Männer des Königs klopfen an Ihre Tür in Lo-Dabar. Sie werden in einen Wagen geladen und zum König gefahren. Sie erwarten das Schlimmste und beten, dass Ihr Zellengenosse im Gefängnis nicht schnarcht. Doch die Diener liefern Sie nicht am Gefängnistor ab, sondern setzen Sie an den Tisch des Königs. Und vor Ihrem Teller steht ein Schild mit Ihrem Namen. »Und Mefi-Boschet, sprach David, esse an meinem Tische wie einer der Königssöhne« (2. Samuel 9,11; Luther 84).

Charles Swindoll beschrieb diese Geschichte in fünf wunderbaren Absätzen. Doch am besten gefällt mir die folgende erdachte Szene aus Davids Palast.

> Kunstgegenstände aus Gold und Bronze glänzen an den Wänden. Decken aus Edelhölzern wölben sich über jedes der geräumigen Zimmer. ... David und seine Kinder treffen sich zum Abendessen. Absalom, bildschön und braun gebrannt, ist da und auch Davids bezaubernde Tochter Tamar. Der Gong, der zum Essen ruft, ertönt und der König wirft einen Blick in die Runde, um zu sehen, ob alle da sind. Einer fehlt noch.
> Dann hört man schlurfende Schritte, das Stampfen von Krücken. Man hört es durch den Flur bis ins Esszimmer. *Schlurf, stampf, schlurf, stampf.* Endlich ist er an der Tür und schleppt sich geräuschvoll zu seinem Sitz. Es ist der lahme Mefi-Boschet, der durch Gnade seinen Platz an Davids Tisch findet. Das Tischtuch bedeckt seine Füße. Jetzt kann das Festessen beginnen.[1]

Von Lo-Dabar zum Palast, von der Dunkelheit zur Würde, von der Ausweglosigkeit zum Tisch des Königs. Welche Änderung für Mefi-Boschet. Welch eine Gedächtnisstütze für uns. Gott zeigt uns die Richtung unserer Reise. Gott hat uns aus der Sackgasse von Lo-Dabar geholt und an seinen Tisch gesetzt. »Wir gehören nun mit Jesus zu seinem himmlischen Reich« (Epheser 2,6).

Baden Sie Ihre Seele in diesem Vers. Wenn dann das nächste Mal der trockene Wüstenwind pfeift und durch die Kämpfe von gestern bestimmen will, wer Sie sind, trinken Sie aus Gottes Becher der Gnade. Die Gnade bestimmt, wer Sie sind. Ihre Eltern, die Sie nicht zufrieden stellen können, täuschen sich genauso wie der in Sie vernarrte Onkel, den Sie nicht enttäuschen können. Menschen haben nicht das letzte Wort. Das letzte Wort spricht Gott. Er sagt, dass Sie ihm gehören. Punkt. »Denn wir sind Gottes Schöpfung. Er hat uns in Christus Jesus neu geschaffen, damit wir zu guten Taten fähig sind, wie er es für unser Leben schon immer vorgesehen hat« (Epheser 2,10).

Nehmen wir an, Mefi-Boschet hätte diesen Vers gesehen. Stellen wir uns vor, dass jemand zur Zeit von Lo-Dabar ihm gesagt hätte: »Verliere nicht den Mut, Freund. Ich weiß, dass du nicht tanzen und nicht laufen kannst. Andere spielen Fußball und du starrst aus dem Fenster. Doch Gott hat deine Geschichte geschrieben. Er hat eine Rolle für dich. In dreitausend Jahren wird deine Geschichte immer noch für einige Leser im einundzwanzigsten Jahrhundert ein Bild der Gnade in Erinnerung rufen.«

Hätte er es geglaubt? Ich weiß es nicht. Aber ich bete, dass Sie es glauben. Sie hängen als Gottes Kunstwerk, als Beweisstück in seiner Galerie der Gnade.

Vor über hundert Jahren saßen ein paar Fischer in der Gaststube eines schottischen Wirtshauses und tauschten ihre Geschichten aus. Einer der Männer holte weit mit den Armen aus und beschrieb die Größe eines Fisches, der ihm entkommen war. Dabei stieß sein Arm an das Tablett des Serviermädchens. Die Teekanne flog gegen die weiß gestrichene Wand, und ihr Inhalt hinterließ einen hässlichen braunen Fleck.

Der Wirtshausbesitzer betrachtete den Schaden und seufzte: »Die ganze Wand muss frisch gestrichen werden.«

»Vielleicht nicht«, warf ein Fremder ein. »Lassen Sie mich damit arbeiten.«

Da er nichts zu verlieren hatte, war der Gastwirt einverstanden. Der Mann holte Stifte, Pinsel, einige Gläser Leinöl und Farbe aus einer Kiste. Er skizzierte Linien um die Klecks und trug Farben um die Teeflecken auf. Nach einiger Zeit konnte man ein Bild erkennen: einen Hirsch mit einem riesigen Geweih. Der Mann schrieb seinen Namen unter das Bild, zahlte für sein Essen und ging. Sein Name: Sir Edwine Landseer, der berühmte Maler wild lebender Tiere.

In seinen Händen wurde eine Verunstaltung zu einem Meisterwerk.[2]

Gottes Hände tun das Gleiche, immer und immer wieder. Er verbindet die aus den Fugen geratenen Flecken unseres Lebens und macht aus ihnen einen Ausdruck seiner Liebe. Wir werden zu Bildern: »So wird er für alle Zeiten an uns seine Güte und den Reichtum seiner Gnade sichtbar machen« (Epheser 2,7).

Wer bestimmt, wer Sie sind? Der Tag, an dem Sie fallen gelassen wurden? Oder der Tag, an dem Sie zum Tisch des Königs getragen wurden?

Nehmen Sie Gottes Werk an. Trinken Sie kräftig aus seinem Brunnen der Gnade. In dem Maße, wie die Gnade tief in Ihre Seele eindringt, wird Lo-Dabar zu einem Pünktchen im Rückspiegel. Dunkle Tage werden nicht mehr bestimmen, wer Sie sind. Sie wohnen jetzt im Palast.

Und jetzt wissen Sie, was Sie den großen Brüdern dieser Welt antworten können. Sie brauchen nicht hektisch Ihre Kleider zu reinigen oder sich um Regeln des Ringetragens zu sorgen. Ihre Taten retten Sie nicht. Und Ihre Taten erhalten Ihre Rettung auch nicht aufrecht. Das tut die Gnade. Wenn das nächste Mal der große Bruder schlimmer als zwei bissige Hunde knurrt, lockern Sie Ihre Schnürsenkel, stecken den Ring an Ihren Ringfinger und zitieren den Apostel der Gnade, der sagte: »Was immer ich jetzt bin, das bin ich durch die Gnade Gottes« (1. Korinther 15,10).

4. WENN DER TOD ZUR GEBURT WIRD

WENN DER TOD ZUR GEBURT WIRD

Was würden Sie tun, um dem Tod zu entgehen? Welchen Preis würden Sie für eine Verlängerung Ihres Lebens zahlen, wenn Sie die Schritte des Sensenmannes vor Ihrer Tür hören? Würden Sie Ihre rechte Hand geben?

Aron Ralston tat es. Der siebenundzwanzig Jahre alte Abenteurer bestieg oft die Gipfel der Rocky Mountains. Fünfundvierzig von ihnen hatte er erklommen, immer allein und immer im Winter, meistens nach Mitternacht. Das Leben am Abgrund war für ihn nichts Neues. Aber das Leben unter einem vierhundert Kilogramm schweren Findling? In einem abgelegenen Canyon in Utah kletterte er gerade von einem solchen Felsbrocken herunter, als dieser sich verschob und seine rechte Hand in der engen Felsspalte einklemmte.

Er versuchte, den Felsblock mit der Schulter wegzuschieben, mit dem Messer auszumeißeln, ja er probierte sogar, ihn mit seinem Kletterseil und der Seilrolle hochzuheben. Der Findling rührte sich nicht von der Stelle. Nach fünf Tagen, als er nichts mehr zu essen und kein Wasser mehr hatte und zwischen Depressionen und Wahnvorstellungen von Freunden und Cocktails hin und her getrieben worden war, traf er eine Entscheidung, bei der es normalen Sterblichen den Atem verschlägt. Er beschloss, seine rechte Hand abzutrennen.

»Mir kam der Gedanke, dass ich befreit werden kann, wenn ich meine Knochen in Höhe des Handgelenks, da wo sie eingeklemmt waren, brechen kann«, erklärte er später. »Zunächst konnte ich den Speichenknochen durchbrechen, dann nach ein paar Minuten die Elle.« Dann begann er mit einem billigen Mehrzweckwerkzeug in seine eigene Haut zu sägen. Die Klinge war so stumpf, »dass ich damit nicht einmal die Haare an meinem Arm abschneiden konnte«, doch unbeirrt fuhr er mit der Amputation fort. Später erzählte er Reportern: »Es dauerte etwa eine Stunde.«[1]

Am besten stellen wir uns diese sechzig Minuten nicht in allen Einzelheiten vor. Mir wird schon schlecht, wenn die Krankenschwester zehn Sekunden braucht, um mir Blut abzunehmen.

Endlich konnte sich Ralston von dem Felsblock befreien. Jetzt musste er irgendwie Menschen finden. Er kroch durch eine fünfzig Meter lange Schlucht, seilte sich (mit einer Hand!) an einer zwanzig Meter tiefen Wand ab und wanderte zwölf Kilometer. Erst dann stieß er auf ein paar holländische Touristen, die zweifellos mehr für ihr Geld bekamen als ihr Reiseveranstalter ihnen versprochen hatte. Ralston spielte seinen Mut herunter und erklärte sein Entkommen als »reinen Pragmatismus«.[2]

Es war in der Tat Pragmatismus. Er stand vor der Wahl zwischen seiner Hand und dem Leben. Und er entschied sich für das Leben. Würden wir auch so handeln?

Wir handeln fast genauso. Der Tod ist der Feind Nummer eins. Im Auto schnallen wir uns an. Wir schlafen mehr. Wir joggen regelmäßig. Wir essen kalorienärmer. Wir essen mehr Proteine und Gemüse und schränken den Koffeinverbrauch ein. Dem Schatten des Todes ausweichen ist die Hauptbeschäftigung unserer Tage.

Doch niemand weicht ihm für immer aus. Die Bibel offenbart einige grausame Tatsachen.

Der eine stirbt frisch und gesund in allem Reichtum und voller Genüge, sein Melkfass ist voll Milch, und sein Gebein wird gemästet mit Mark; der andere aber stirbt mit verbitterter Seele und hat nie vom Glück gekostet – und doch liegen beide miteinander in der Erde, und Gewürm deckt sie zu (Hiob 21,23-26; Luther 84).

Prediger 8,8 klingt genauso erhebend. »Der Mensch hat keine Macht, den Wind aufzuhalten, und hat keine Macht über den Tag des Todes, und keiner bleibt verschont im Krieg, und das gottlose Treiben rettet den Gottlosen nicht« (Luther 84).

Das beunruhigt uns. Wir hätten bei unserem Tod gern ein Wörtchen mitzureden. Könnte Gott uns nicht das Datum für unseren Abschied bestimmen lassen? Die meisten würden sich hundert Jahre bei bester Gesundheit wünschen und dann einen langen Mittagsschlaf, von dem sie nicht mehr aufwachen.

Gott hat jedoch den Terminkalender des Todes nicht aus der Hand gegeben. Aus Gründen, die wir nicht kennen, führt er ihn, ohne uns zu fragen. Das Datum Ihres Todes bleibt zwar geheim, aber er ist unabwendbar. »Es [ist] bestimmt ..., dass jeder Mensch nur einmal stirbt, worauf das Gericht folgt« (Hebräer 9,27).

Der Kletterer im Gebirge von Utah ist nicht der Einzige, der zwischen einem Felsblock und einer Wand eingeklemmt wurde. »Niemand lebt ewig, sondern alle müssen sterben. Keiner entkommt der Macht des Todes« (Psalm 89,49). Auch Sie nicht. Wie alle Kinder Gottes leben Sie nur einen letzten Atemzug von Ihrer eigenen Beerdigung entfernt.

Was von Gottes Standpunkt aus kein Grund für Kummer ist. Er reagiert auf diese ernsten Tatsachen mit einer guten Nachricht: »Der Tag des Todes [ist] besser als der Tag der Geburt« (Prediger 7,1; Luther 84). Hier ist etwas verdreht. Der Himmel reagiert auf Beerdigungen wie wir auf die Ereignisse in einer Entbindungsstation. Die Engel beobachten Begräbnisse wie Großeltern die Tür zum Entbindungszimmer. »Jeden Moment kommt er!« Sie können es gar nicht erwarten, den Neuankömmling zu sehen. Wenn wir Leichenwagen fahren und Trauerkleidung tragen, hängen sie rosarote und blaue Girlanden auf und reichen Zigarren herum. Wir trauern nicht, wenn Babys auf die Welt kommen. Die himmlischen Heerscharen weinen nicht, wenn wir die Welt verlassen.

Doch viele von uns weinen bei dem Gedanken an den Tod. Sie auch? Fürchten Sie sich vor Ihrem Tod? Raubt Todesangst Ihnen Ihre Lebensfreude? So etwas gibt es. Bei Florence, einer jungen

Frau, war es so. Als sie siebenunddreißig Jahre alt war, sagte sie ihren Freunden, dass ihr Leben an einem seidenen Faden hing, der jederzeit reißen könne. Deshalb legte sie sich ins Bett und stand nicht mehr auf. Dreiundfünfzig Jahre lang! Die Ankündigung ihres Todes stellte sich als richtig heraus. Sie starb tatsächlich ... im Alter von neunzig Jahren.

Die Ärzte konnten nichts feststellen und verließen kopfschüttelnd ihr Zimmer. Die meisten diagnostizierten eine hoffnungslose Hypochondrie – Florence litt an einer krankhaften Todesangst, war von der Zwangsvorstellung ihres unmittelbar bevorstehenden Todes befallen. Mit Ausnahme von drei Jahren ihres Lebens beugte sich Florence vor dem Riesen Tod. Doch während dieser drei Jahre machte sie sich einen Namen im Krimkrieg, nicht als eine, die litt, sondern als Freundin der Leidenden. Florence Nightingale, die berühmteste Krankenschwester der Geschichte, lebte als Sklavin des Todes.[3]

Und Sie? Raubt Ihnen die Angst vor dem Tod Ihre Lebensfreude? Dann kommen Sie und trinken! Schließlich ist Jesus gekommen, um die zu »befreien, die ihr Leben lang Sklaven ihrer Angst vor dem Tod waren« (Hebräer 2,15).

Der Tod hat seinen Zuständigkeitsbereich. Leichenbestatter leisten ihm Folge. »Denn Christus ist ja gestorben und wieder lebendig geworden, um Herr über alle Menschen zu sein: über die Toten und über die Lebenden« (Römer 14,9). Ihr Tod mag für Sie unerwartet kommen und andere traurig machen, doch der Himmel kennt keinen Tod zur Unzeit: »Du hast mich gesehen, bevor ich geboren war. Jeder Tag meines Lebens war in deinem Buch geschrieben. Jeder Augenblick stand fest, noch bevor der erste Tag begann« (Psalm 139,16).

Wie eine Verkäuferin Wechselgeld herausgibt, gibt Gott Tage heraus. Für alle, die an seiner Macht zweifeln, hat Jesus drei Wörter: »Lazarus, komm heraus!« (Johannes 11,43).

Würde die Bibel eine Liste berühmter Toter erstellen, stünde

Lazarus an oberster Stelle. Er lebte in Betanien, einem verschlafenen Dörfchen nicht weit von Jerusalem. Jesus war oft dort. Vielleicht mochte er Martas Küche und Marias Hingabe. Eines ist jedenfalls sicher: Er betrachtete Lazarus als seinen Freund. Als Jesus erfuhr, dass Lazarus gestorben war, gab er als Antwort: »Unser Freund Lazarus ist eingeschlafen, doch nun gehe ich hin und wecke ihn auf« (Johannes 11,11).

Und jetzt, vier Tage nach dem Begräbnis, ist Jesus gekommen und ruft. Er ruft wörtlich: »Lazarus, komm heraus!« Können wir uns vorstellen, wie es Lazarus ergeht, als er diese Worte hört? Lazarus ist im Himmel, er ist dort glücklich. Seit vier Tagen ist er in der Ewigkeit. Er hat schon Freundschaft mit anderen Gläubigen geschlossen. König David zeigt ihm die Harfen. Mose lädt ihn zu Tee und Manna ein. Elia und Elisa drehen mit ihm eine Runde in dem feurigen Wagen. Daniel hat ihm eine außergewöhnliche biblische Geschichte versprochen. Er ist gerade auf dem Weg zu ihm, als eine Stimme durch die himmlische Stadt dröhnt.

»Lazarus, komm heraus!«

Jeder kennt diese Stimme. Niemand fragt: *Wer war das?* Die Engel halten inne. Die Bewohner der himmlischen Stadt drehen sich nach dem Jungen aus Betanien um, und einer sagt: »Es sieht so aus, als müsstest du noch einmal eine Schicht fahren.«

Lazarus stellt den Ruf nicht in Frage. Zusammen mit dem Eintritt in den Himmel hat er vollkommenes Verständnis für alles erhalten. Er erhebt keinen Widerspruch. Doch wer hätte es ihm verübeln können, wenn er protestiert hätte? Sein himmlischer Körper kennt kein Fieber, in seiner Zukunft gibt es keine Angst. Er wohnt in einer Stadt ohne Vorhängeschlösser, ohne Gefängnisse und ohne Medikamente gegen Depressionen. Da es weder Sünde noch Tod gibt, haben Prediger, Ärzte und Rechtsanwälte viel Zeit zur Anbetung. Hätte es Lazarus jemand übel genommen, wenn er gefragt hätte: »Muss ich wirklich zurück?«

Doch er beanstandet den Befehl nicht. Die anderen übrigens

auch nicht. Rückreisen waren in letzter Zeit häufig: die Tochter eines Synagogenvorstehers, der Junge aus Nain und jetzt Lazarus aus Betanien. Lazarus geht zu der selten benutzten Ausgangstür. Dieselbe, nehme ich an, durch die Jesus dreißig Erdenjahre zuvor ging. Kaum hat er Zeit, den anderen zuzuwinken, als er mit seinem Körper vereint ist und auf einer kalten Steinplatte in einer Grabhöhle aufwacht. Der Stein am Eingang ist weggerollt. Lazarus versucht sich zu bewegen. Steif setzt er sich auf, dann schreitet er, immer noch in Grabtücher eingewickelt, langsam aus dem Grab.

Die Menschen stehen mit weit aufgerissenen Augen da.

Wir lesen die Geschichte und fragen uns womöglich: »Warum hat Jesus ihn sterben lassen, nur um ihn wieder zurückzurufen?«

Um zu zeigen, wer das Sagen hat. Um den Tod in seine Schranken zu weisen. Um die unschlagbare Macht des Einen deutlich zu machen, der auf dem Nacken des Teufels tanzte, der dem Tod in die kalten Augen schaute und erklärte: »Du nennst es Ausweglosigkeit? Ich nenne es eine Rolltreppe.«

»Lazarus, komm heraus!«

Diese Worte waren übrigens nur ein Training für den großen Tag. Er bereitet eine weltweite Räumung der Gräber vor. »Hans, komm heraus!« »Maria, komm heraus!« »Guiseppe, komm heraus!« »Jakob, komm heraus!« Ein Grab nach dem anderen wird leer. Was mit Lazarus geschah, wird auch mit uns geschehen. Nur wird die Vereinigung unseres Geistes mit unserem Körper nicht im Friedhof von Betanien, sondern im Himmel stattfinden.

> Wenn dies geschieht – wenn unsere vergänglichen, irdischen Körper in unvergängliche, himmlische Körper verwandelt sind – dann wird sich das Schriftwort erfüllen:

»Der Tod wurde verschlungen vom Sieg. Tod, wo ist dein Sieg? Tod, wo ist dein Stachel?«
(1. Korinther 15,54-55)

Was sollen wir tun, bis es so weit ist? Wir sollten die Liste unserer Freunde überprüfen. Weil Lazarus Jesus seinen Freund nannte, rief Jesus Lazarus aus dem Grab. Was den Tod betrifft, brauchen wir einen Freund an höchster Stelle, sonst geraten wir ernsthaft in Schwierigkeiten. »Wenn der Gottlose stirbt, stirbt auch seine Hoffnung, und seine Erwartung erfüllt sich nicht« (Sprüche 11,7). Sorgen Sie dafür, dass Jesus mit derselben Zuneigung von Ihnen spricht, mit der er von Lazarus gesprochen hat. Bereiten Sie sich auf den Tod vor, indem Sie Freundschaft mit Christus schließen. Die Angst vor dem Tod hat ein Ende, wenn wir wissen, dass der Himmel unser wahres Zuhause ist. Ich bin schon oft mit dem Flugzeug gereist, doch noch nie habe ich erlebt, dass ein Passagier weint, wenn das Flugzeug landet. Nie. Niemand klammert sich an die Armlehnen und bettelt: »Ich möchte nicht aussteigen. Ich möchte hier bleiben und noch mehr Erdnüsse knabbern.« Wir sind bereit auszusteigen, weil das Flugzeug nicht unser Bestimmungsort ist. Diese Welt ist es auch nicht. »Aber unsere Heimat ist der Himmel, wo Jesus Christus, der Herr, lebt. Und wir warten sehnsüchtig auf ihn, auf die Rückkehr unseres Erlösers« (Philipper 3,20).

John Knox konnte das nachempfinden. Er wurde 1505 in Schottland geboren, und die Gesellschaft wurde durch seine Predigten erneuert. Er begeisterte breite Schichten der Bevölkerung und stellte die Ausschweifungen der Krone an den Pranger. Manche verehrten ihn, andere verachteten ihn, doch Schottland hat ihn nie vergessen. Noch heute kann man sein Haus in Edinburgh besichtigen und in dem Zimmer stehen, in dem er vermutlich seinen letzten Atemzug tat.

Hier ein kurzer Bericht von dem, was damals geschah. Sein Mitarbeiter Richard Bannatyne stand an seinem Bett. Knox atmete langsam und schwer. Bannatyne lehnte sich über seinen Freund. »Das Ende deines Kampfes ist nahe. Hast du Hoffnung?«, flüsterte er ihm zu.

Der alte Reformator antwortete mit einem Fingerzeig. Er hob seinen Finger, zeigte nach oben und starb, was einen Dichter zu diesen Zeilen veranlasste:

> ... der Engel des Todes verließ ihn. Als die Bande der Erde zerrissen waren, zeigte der kalte, starre Finger immer noch auf zum Himmel.[4]

Mögen Sie bei Ihrem Tod in dieselbe Richtung zeigen. Warum tun Sie nicht Folgendes: Geben Sie Gott Ihren Tod. Stellen Sie sich Ihren letzten Atemzug, Ihre letzten Minuten vor und schenken Sie sie ihm. Tun Sie das ganz bewusst und regelmäßig. »Herr, ich nehme dein Werk am Kreuz und in deiner Auferstehung an. Ich vertraue dir meinen Abschied von der Erde an.« Wenn Christus Ihr Freund und der Himmel Ihr Zuhause ist, wird der Tag des Todes glücklicher als der Tag der Geburt.

5. EIN HERZ AUF DEM WEG NACH HAUSE

EIN HERZ AUF DEM WEG NACH HAUSE

Suchen Sie im Waisenhaus von Cap-Haitien nach Carinette. Schauen Sie die Gesichter der siebenundfünfzig dunkelhäutigen Kinder mit den glänzenden Augen und den lockigen Haaren, Kinder, die kreolisch sprechen und gern Spaß machen, genau an und suchen Sie nach einem einzigartigen siebenjährigen Mädchen. Sie scheint sich nicht von den anderen zu unterscheiden. Sie isst denselben Reis und dieselben Bohnen. Sie spielt auf demselben staubigen Spielplatz. Sie schläft unter demselben Blechdach wie die anderen Mädchen und hört das fast allnächtliche Trommeln des haitianischen Regens. Doch lassen Sie sich trotz aller Ähnlichkeiten nicht täuschen. Sie lebt in einer anderen Welt – einer Welt, die ihre künftige Heimat ist.

Sehen Sie das schlanke Mädchen mit dem rosafarbenen T-Shirt? Das Mädchen mit der langen Nase, dem buschigen Haar und ein paar Fotos in der Hand? Carinette zeigt Ihnen gern die Fotos, wenn Sie sie darum bitten. Sie zeigt Ihnen die Fotos auch, wenn Sie nicht darum bitten. Es sind die Fotos ihrer künftigen Familie. Sie ist adoptiert worden.

Ihre Adoptiveltern sind Freunde von mir. Sie brachten ihr Bilder, einen Teddybär, Schokoriegel und Kekse mit. Carinette teilte die Süßigkeiten mit den anderen Kindern, bat den Direktor, den Bär aufzubewahren, behielt aber die Fotos. Sie erinnern sie an ihre künftige Heimat. In einem oder höchstens zwei Monaten wird sie dort sein. Sie weiß, dass der Tag näher rückt. Immer wenn sich das Tor öffnet, schlägt ihr Herz schneller. Jeden Tag kann ihr Vater ankommen. Er hat versprochen, dass er zurückkommt. Er kam einmal, um Anspruch auf sie anzumelden. Er wird wiederkommen, um sie nach Hause zu holen.

Bis dahin lebt sie mit einem Herzen, das auf dem Weg nach Hause ist.

Sollten wir nicht alle so leben? Unsere Situation ist so ähnlich wie die Carinettes. Auch unser Vater hat uns besucht. Auch er hat Anspruch auf uns angemeldet. Auch wir wurden adoptiert. »Deshalb verhaltet euch nicht wie ängstliche Sklaven. Wir sind doch Kinder Gottes geworden und dürfen ihn ›Abba, Vater‹ rufen« (Römer 8,15).

Gott hat nach uns gesucht. Bevor wir überhaupt wussten, dass wir eine Adoption brauchen, hat er die Papiere eingereicht und die Tapeten für unser Zimmer ausgewählt. »Denn Gott hat sie schon vor Beginn der Zeit ausgewählt und hat sie vorbestimmt, seinem Sohn gleich zu werden, damit sein Sohn der Erstgeborene unter vielen Geschwistern werde« (Römer 8,29).

Niemals würde er Sie in einer vaterlosen Welt zurücklassen. Ihr Name ist in Gottes Familienbibel eingetragen. Er selbst hat ihn hineingeschrieben. Und noch mehr: Er hat die Adoptionsgebühren bezahlt. Weder Sie noch Carinette können Ihren Auszug aus dem Waisenhaus bezahlen. Deshalb sandte Gott Christus, »um uns aus der Gefangenschaft des Gesetzes freizukaufen und als seine Kinder anzunehmen« (Galater 4,5).

Wir finanzieren unsere Adoption nicht, aber wir nehmen sie an. Carinette könnte den künftigen Adoptionseltern sagen, dass sie verschwinden sollen. Doch das hat sie nicht getan. Genauso können Sie Gott sagen, er solle verschwinden. Doch das unterstehen Sie sich nicht, oder? Sobald wir sein Angebot annehmen, werden wir von Waisen zu Erben.

Wir sind »Miterben« mit Christus (Römer 8,17). Erben! Der Himmel kennt weder Stiefkinder noch Enkel. Sie und Christus werden in demselben Testament bedacht. Was er erbt, erben auch Sie. Sie sind auf dem Weg nach Hause.

Doch das vergessen wir oft. Wir gewöhnen uns an harte Pritschen und Blechteller. Selten werfen wir einen Blick über den Zaun in die künftige Welt. Und wie lange ist es her, dass Sie jemandem Ihre Bilder gezeigt haben? Wendet sich Petrus an Sie, wenn er inständig bittet: »Liebe Brüder, in dieser Welt seid ihr ohne Bürgerrecht und Fremde. Deshalb warne ich euch: Lasst euch nicht von den Versuchungen dieser Welt bestimmen« (1. Petrus 2,11).

Wir sind adoptiert, aber noch nicht übergesiedelt. Wir haben eine neue Familie, aber noch nicht unsere Wohnung im Himmel. Wir kennen den Namen unseres Vaters, aber wir haben sein Gesicht noch nicht gesehen. Er hat Anspruch auf uns angemeldet, uns aber noch nicht abgeholt.

Hier sind wir also, zwischen dem, was ist, und dem, was sein wird. Wir sind keine Waisen mehr, aber wir sind noch nicht zu Hause. Was tun wir in der Zwischenzeit? Diese Zeit kann wirklich beängstigend werden. Beängstigend wegen der Chemotherapie, wegen Autofahrern, die mit mehr Bier als Gehirn in ihrem Körper unterwegs sind, wegen doppelzüngiger Kollegen, die einen hinterrücks anschwärzen usw. Wie leben wir in einer solchen Zwischenzeit? Wie bleiben wir mit dem Herzen auf dem Weg nach Hause? Paulus macht hierzu einige Vorschläge:

> Und selbst wir, obwohl wir im Heiligen Geist einen Vorgeschmack der kommenden Herrlichkeit erhalten haben, seufzen und erwarten sehnsüchtig den Tag, an dem Gott uns in unsere vollen Rechte als seine Kinder einsetzen und uns den neuen Körper geben wird, den er uns versprochen hat. Nachdem wir nun gerettet sind, hoffen und warten wir darauf. Denn wenn man etwas schon sieht, muss man nicht mehr darauf hoffen. Und was ist die Hoffnung auf etwas, das man schon sieht? Aber wenn wir auf etwas hoffen, das wir noch nicht sehen, müssen wir mit Geduld und Zuversicht darauf warten.
> (Römer 8,23-25)

Paulus nennt den Heiligen Geist einen Vorgeschmack. Wir haben »im Heiligen Geist einen Vorgeschmack der kommenden Herrlichkeit« (V. 23). Niemand mit einem gesunden Appetit braucht eine Erklärung dieses Wortes. Sogar beim Schreiben dieses Kapitels kreisen meine Gedanken um verschiedene Arten von Vorgeschmack. In einer Stunde werde ich in Denalyns Küche stehen und den Duft der Zutaten zum Abendessen schnuppern, so ähnlich wie ein Labrador, der Wild wittert. Wenn sie wegschaut, schnappe ich mir einen kleinen Happen. Nur einen Bissen Putenbraten, einen Löffel Soße, ein Stückchen Brot. Kleine Häppchen vor dem Essen regen den Appetit an.

Kostproben aus der Küche des Himmels haben die gleiche Wirkung. Es gibt Momente, vielleicht zu wenige, in denen die Zeit still steht, wenn alles von Freude bestimmt wird und der Himmel uns eine Vorspeise reicht.

- Ihr Neugeborenes ist nach langem Weinen eingeschlafen. Im gelbem Mondlicht fahren Sie zärtlich mit dem Finger über das winzige schlafende Gesichtchen und fragen: *Gott hat dich mir gegeben?* Ein Vorgeschmack auf die Köstlichkeiten des Himmels.
- Sie sind in die Arbeit vertieft, die Ihnen Spaß macht, für die Sie geschaffen wurden. Wenn Sie zurücktreten und die noch feuchte Leinwand, den umgegrabenen Garten oder den umgebauten Achtzylinder-Motor betrachten, durchströmt Sie ein Gefühl der Befriedigung wie ein Schluck frischen Wassers, und ein Engel fragt: »Noch einen Aperitif?«
- Der Text des Liedes drückt genau das aus, was Sie sagen wollten, aber nicht konnten, und einen herrlichen Augenblick lang gibt es keine Kriege, keine Verletzungen und keine Steuererklärungen. Sie sind allein mit Gott und der stillen Gewissheit, dass mit der Welt alles in Ordnung ist.

Genießen Sie diese Augenblicke, anstatt über sie hinwegzugehen oder sie einfach als glücklichen Zufall abzutun. Sie können uns auf den Himmel einstimmen. Das können allerdings auch schlimme Zeiten. »Und selbst wir, obwohl wir im Heiligen Geist einen Vorgeschmack der kommenden Herrlichkeit erhalten haben, seufzen und erwarten sehnsüchtig den Tag, an dem Gott uns in unsere vollen Rechte als seine Kinder einsetzen und uns den neuen Körper geben wird, den er uns versprochen hat« (V. 23).

Glauben Sie, dass Carinette seufzt? Waisen seufzen oft. Sie führen ein einsames Leben. Wenn sie ein Kind mit Vater und Mutter sehen, seufzen sie. Wenn sie ein Haus sehen und an ihre Pritsche denken, seufzen sie. Und natürlich seufzen sie, wenn sie sich fragen, was mit ihren leiblichen Eltern geschehen ist.

Doch Carinettes Seufzer sind gezählt. Jedes Essen im Gemeinschaftsraum bringt sie näher zum Essen in Mutters Küche, und mit jeder Nacht im Schlafsaal rückt ihr eigenes Zimmer näher. Jedes Mal, wenn sie sich nach einer Mama sehnt, denkt sie daran, dass sie bald von ihrer Mutter in die Arme geschlossen wird.

Unsere Kämpfe rufen Sehnsucht nach dem ewigen Zuhause hervor. Unser von Schleimbeutelentzündung geplagter Körper soll uns an unseren ewigen Körper erinnern, unsere schmerzlichen Tage sollen in uns Gedanken an grenzenlosen Frieden wecken. Werden Sie zu Unrecht beschuldigt? Werden Sie gekränkt? Verleumdungen sind Teil dieses Lebens, aber nicht des künftigen. Hören Sie auf die Unannehmlichkeiten des Lebens, anstatt gegen sie aufzubegehren.

Es gibt Augenblicke, die so abscheulich sind, dass man nicht weiß, was man tun soll. Vor einigen Jahren begleitete ein Artikel im *Time Magazine* die Leser in die hässliche Welt des Kindesmissbrauchs. Wir lernten Antwan kennen, zehn Jahre alt, eine Marionette in den Händen der Zuhälter und Drogendealer seines Wohngebiets. Sie verlangten seine Gegenwart, er fürchtete ihre

Strafe. Wenn die Polizei kam, steckten sie ihre Drogen in seine Socken, da sie annahmen, dass der Junge nicht durchsucht werden würde. Antwan kannte die Polizei besser als seine Lehrer. Welche Hoffnung hat ein Junge wie Antwan? Der Verfasser des Artikels führte uns in seine ärmliche Wohnung. Seine Mutter besaß nur eine einzige Glühbirne. Als sie die Küche verließ, trug sie diese Glühbirne ins Wohnzimmer. Sie schraubte sie in die Lampe, und der trübe Schein fiel auf ein Poster mit einem kleinen schwarzen Jungen, der weinte. Die Bildunterschrift lautete: »Er wird alle ihre Tränen abwischen, und es wird keinen Tod und keine Trauer und kein Weinen und keinen Schmerz mehr geben. Denn die erste Welt mit ihrem ganzen Unheil ist für immer vergangen« (Offenbarung 21,4).[1]

Schreiben Sie aufgrund dieser Hoffnung Schecks der Hoffnung aus. Klagen Sie nicht, dass die Zeit so schnell vergeht, freuen Sie sich darüber. Je mehr Sie aus Gottes Brunnen trinken, umso mehr wünschen Sie sich, dass die Uhr schneller tickt. Jedes Vorrücken des Uhrzeigers bringt uns näher zur vollständigen Adoption. Paulus schreibt dazu: »Selbst wir ... seufzen und erwarten sehnsüchtig den Tag, an dem Gott uns in unsere vollen Rechte als Kinder einsetzen ... wird« (Römer 8,23).

Als meine Töchter klein waren, feierten sie meine tägliche Rückkehr von der Arbeit. Jenna war fünf, Andrea drei Jahre alt. Denalyn machte sie auf meine bevorstehende Ankunft aufmerksam, dann eilten sie zum Fenster, drückten die Nase und die Hände an die Scheibe. Wenn ich in den Hof fuhr, sah ich sie: Andrea und Jenna, die einen Kopf größer als ihre Schwester war, drückten sich an die Scheibe. Wenn sie mich sahen, quietschten sie vor Freude. Sie hüpften und klatschten in die Hände. Kein römischer Feldherr, der nach einem siegreichen Kriegszug nach Hause kehrte, fühlte sich herzlicher willkommen. Wenn ich die Tür öffnete, umfassten sie meine Knie und führten einen Freudentanz auf.

Ihr Vater war zu Hause.

Es ist zu lange her, dass ich in dieser Weise nach Gott Ausschau gehalten habe. Zu selten höre ich Donner und denke: *Ist es Gott?* Ich lasse einen oder sogar zwei Tage vergehen, ohne einen Blick auf den Himmel in Richtung Osten zu werfen. Machen wir es besser. »Denkt nicht an weltliche Angelegenheiten, sondern konzentriert eure Gedanken auf ihn« (Kolosser 3,2). Wie wäre es, regelmäßig aus dem Brunnen von Gottes Rückkehr zu schöpfen? Carinettes Gedanken werden von ihrem künftigen Zuhause bestimmt. Sie kann gar nicht anders als an ihr künftiges Daheim zu denken, wenn sie die Bilder und den Teddybär sieht.

Freuden und Lasten – beide können uns aus unserem Schlummer reißen. Geschenke rufen die Sehnsucht nach zu Hause hervor, Kämpfe haben die gleiche Wirkung. Jeder Tag fern der Heimat bringt uns näher zu dem Tag, an dem unser Vater kommen wird.

TEIL 2

MIT SEINER ENERGIE RECHNEN

6. HOFFNUNG FÜR RACKERSTADT

HOFFNUNG FÜR RACKERSTADT

Biegen Sie bei Stressdorf in nördlicher Richtung ab, fahren ein paar Kilometer hinter Sorgenstadt nach Osten, halten Sie sich an der Abzweigung in Erschöpft-Tal nach rechts, dann erreichen Sie die beschwerlichen Straßen von Rackerstadt.

Die Einwohner der Stadt machen dem Namen alle Ehre. Sie schleppen sich dahin wie Packesel bei einer Besteigung des Himalaya, mit gesenktem Blick, langem Gesicht und hängenden Schultern. Wenn man sie um eine Erklärung für ihre Teilnahmslosigkeit bittet, zeigen sie auf die Autos. »Auch Sie wären müde, wenn Sie eins von denen schieben müssten.«

Zu unserer Verwunderung tun sie genau das! Mit all ihrer Kraft schieben sie keuchend Autos die Straße hinauf und hinunter, ihre Schultern sind an die Autos gepresst, die Füße eisern in den Boden gerammt. Anstatt sich hinter das Steuerrad zu setzen, stemmen sie sich gegen den Kofferraum.

Wir sind verwirrt von dem, was wir sehen und hören. Hören wir wirklich recht? Laufende Motoren! Die Bürger von Rackerstadt drehen den Zündschlüssel, lassen das Auto an, legen den Leerlauf ein und schieben!

Wir müssen jemanden nach dem Grund fragen. Eine junge Mutter schiebt ihren Kombi auf den Parkplatz eines Supermarktes. »Haben Sie schon einmal daran gedacht, auf das Gaspedal zu drücken?«

»Natürlich«, antwortet sie und wischt sich den Schweiß von der Stirn. »Ich drücke das Gaspedal, wenn ich das Auto anlasse, dann nehme ich die Sache selbst in die Hand.«

Eine seltsame Antwort. Doch nicht seltsamer als die eines atemlosen Mannes, der sich gegen seinen LKW mit Anhänger lehnt und wie ein übergewichtiger Marathonläufer keucht.

»Haben Sie diesen LKW geschoben?«, fragen wir.

»Ja«, japst er und bedeckt sich den Mund mit einer Sauerstoffmaske.

»Warum benutzen Sie nicht das Gaspedal?«

Er zieht die Augenbrauen hoch. »Weil ich ein LKW-Fahrer aus Rackerstadt bin und weil wir stark genug sind, unsere Arbeit allein zu bewältigen.«

Uns kommt er gar nicht stark vor. Doch wir sagen nichts, sondern gehen einfach weiter und fragen uns: *Was für Leute sind das? Sie brauchen nur auf ein Gaspedal zu drücken und schon verfügen sie über Energie. Aber sie nehmen keine Notiz davon. Wer wollte so leben?*

Paulus stellte der Gemeinde in Galatien eine ähnliche Frage. »Versteht ihr das denn wirklich nicht? Ihr habt begonnen, ein Leben mit dem Heiligen Geist zu führen. Warum wollt ihr jetzt auf einmal versuchen, es aus eigener Kraft zu vollenden?« (Galater 3,3). Ist Gott nicht mehr als ein Starthilfekabel? Nur Kraft zum Anlaufnehmen und sonst nichts?

Auch die Christen in Korinth schoben einige Autos. Der Apostel Paulus warf ihnen vor: »Ihr benehmt euch wie Menschen, die nicht dem Herrn angehören« (1. Korinther 3,3). Was sagst du da, Paulus? Sie sind gerettet! Er nennt sie »Brüder und Schwestern« (1. Korinther 3,1). Er hält sie für Gottes Kinder. Sie sind auf dem Weg zum Himmel. Sie sind gerettet, aber nicht geistlich ausgerichtet. Sie sind wie ein elektrisches Gerät, das angeschlossen, aber nicht eingeschaltet ist. »Liebe Brüder, als ich bei euch war, konnte ich nicht so mit euch reden, wie ich es mit Menschen, die im Glauben gewachsen sind, getan hätte. Ich musste mit euch reden, als würdet ihr noch zu dieser Welt gehören oder als wärt ihr kleine Kinder im Glauben. ... Ihr seid eifersüchtig und streitet miteinander. Beweist das nicht, dass ihr noch von euren eigensüchtigen Wünschen beherrscht werdet? Ihr benehmt euch wie Menschen, die nicht dem Herrn angehören« (1. Korinther 3,1-3).

Ich dachte immer, es gebe zwei Arten von Menschen: die Geretteten und die nicht Geretteten. Paulus verbessert mich, indem er eine dritte Gruppe beschreibt: Menschen, die *gerettet*, aber *nicht geistlich ausgerichtet* sind. Der geistlich ausgerichtete Mensch steht unter der Führung und Herrschaft des Heiligen Geistes. Er versucht, so zu leben, wie es dem »neuen Leben im Heiligen Geist entspricht« (Galater 5,16). Im Gegensatz dazu kurbelt der nicht geistlich ausgerichtete Mensch das Auto an und hockt sich dann hinter den Kofferraum. Das ist tragisch, denn diese Menschen handeln »wie Menschen, die nicht dem Herrn angehören« (1. Korinther 3,1-3). In ihrer Art zu reden, ihrem Lebensstil, ihren Prioritäten und ihrer Persönlichkeit unterscheiden sie sich nicht von Ungläubigen. Sie lassen sich von Gott retten, aber nicht verändern.

Paulus ist von einem solch fleischlichen Christentum zutiefst enttäuscht. »Ihr habt begonnen, ein Leben mit dem Heiligen Geist zu führen. Warum wollt ihr jetzt auf einmal versuchen, es aus eigener Kraft zu vollenden?« (Galater 3,3).

Das ist nicht nur dumm, sondern auch erbärmlich. Mit Christen, die nicht geistlich ausgerichtet sind, wollen wir keine Fahrgemeinschaft bilden. Sie schenken einem kein freundliches Wort. »Sie sind eifersüchtig und streiten miteinander« (1. Korinther 3,3). Mit ihrer Freude ist es nicht weit her. Und Dankbarkeit? Dankbarkeit wofür? Sie müssen doch den Zweitonnen-Brummi den Berg hochschieben! Menschen, die gerettet, aber nicht geistlich ausgerichtet sind, sehen die Rettung so, wie ein Bauer dreißig Hektar unbestelltes Land sieht – jede Menge Arbeit. *Regelmäßiger Kirchgang, Widerstand gegen die Sünde – habe ich genug getan?* Kein Wunder, dass sie müde sind. Kein Wunder, dass sie hadern. »Ihr seid eifersüchtig und streitet miteinander. Beweist das nicht, dass ihr noch von euren eigensüchtigen Wünschen beherrscht werdet?« (1. Korinther 3,3).

Harte Worte
Freudlose Tage
Zerrissene Beziehungen
Durstige Herzen

Man hat mehr Spaß bei einer Feier der Amischen. Wer möchte in Rackerstadt leben? Oder wer möchte gar nach Rackerstadt ziehen? Nichts stößt Nichtchristen mehr ab als verdrießliche Christen. Niemand will einen LKW geschenkt bekommen, den man schieben muss. Ihr Nachbar jedenfalls nicht, und Sie auch nicht. Und Gott will das für keinen von uns. Er hat uns nicht dafür geschaffen, dass wir unser Leben lang Autos schieben.

Was sagt er zu abgeschlafften Christen? »Wie ihr nun Christus als euren Herrn angenommen habt, so lebt auch mit ihm« (Kolosser 2,6).

Wie nimmt man Christus an? Indem man durstig wird und kräftig trinkt. Wie lebt man in Christus? Indem man durstig wird und kräftig trinkt.

Wenn Sie das tun, wird die rettende Kraft zu Ihrer dauerhaften Kraft. »Ich bin ganz sicher, dass Gott, der sein gutes Werk in euch angefangen hat, damit weitermachen und es vollenden wird bis zu dem Tag, an dem Christus Jesus wiederkommt« (Philipper 1,6).

Christus hat Ihnen kein Auto gegeben und gesagt, Sie müssen es schieben. Er hat Ihnen nicht einmal ein Auto gegeben und gesagt, Sie sollen es fahren. Wissen Sie, was er getan hat? Er hat die Beifahrertür aufgerissen, Sie gebeten, Platz zu nehmen und sich für das Abenteuer Ihres Lebens anzuschnallen.

Wenn Christus in die Rackerstädte der Welt kommt, stellt er sich an die Kreuzung zwischen Todmüde-Allee und Erledigt-Straße und ruft: »›Wenn jemand Durst hat, soll er zu mir kommen und trinken! Wer an mich glaubt, aus dessen Inneren werden Ströme lebendigen Wassers fließen, wie es in der Schrift heißt.‹ Mit dem ›lebendigen Wasser‹ meinte er den Geist, der jedem zuteil werden sollte, der an ihn glaubte« (Johannes 7,37-39).

»Kommt zu mir!« Nicht: »Kommt in meine Kirche« oder »Kommt zu meinem Lehrgebäude«, sondern »Kommt zu mir!«.

Kommt zu mir und trinkt. Kein Nippen. Kein Probieren. Jetzt ist die Zeit gekommen, auf ex zu trinken. Durstige Kehlen verschlingen Wasser. Durstige Seelen verschlingen Christus. In den Anmerkungen zu manchen Bibelübersetzungen steht: »Kommt dauernd zu mir und ... hört nicht auf zu trinken.« Einmal auffüllen im Jahr oder im Monat reicht nicht. Wir machen keine Weinprobe in einem Weingut. Wir marschieren durch das Tal des Todes, und was wir sehen, ist keine Fata Morgana, sondern wirklich der Strom, den wir brauchen. Tauchen wir ein und trinken.

Passen wir auf, was geschieht, wenn wir das tun: Aus unserem »Inneren werden Ströme lebendigen Wassers fließen« (Johannes 7,38). Das Wort *Ströme* kann auch mit *Regen* oder *Flut* übersetzt werden (Matthäus 7,25+27; Offenbarung 12,15-16). Wir haben Fluten erlebt, die so gewaltig waren, dass sie Häuser mit sich rissen. Nachrichtensendungen bringen immer wieder Bilder eines Hauses, das den Fluss hinuntertreibt. Was ist das für eine Kraft, die ein Haus mit sich reißen kann?

Eine Kraft, die kleiner ist als die Kraft, von der wir durchflutet werden. Jesus sprach von dem »Geist, der jedem zuteil werden sollte, der an ihn glaubte« (Johannes 7,39). Er meinte damit Gottes Geist. Gottes mächtige, unsichtbare, unbestreitbare Gegenwart, die durch die Herzgefäße pulsiert. Eine »nie versiegende Quelle, die unaufhörlich bis ins ewige Leben fließt« (Johannes 4,14).

Gottes Geist durchströmt uns. Es ist unwichtig, ob wir ihn fühlen oder nicht. Wir müssen ihn auch nicht verstehen. Jesus sagte, aus unserem »Inneren werden Ströme lebendigen Wassers fließen« (Johannes 7,38). Er sagte nicht, dass diese Ströme »vielleicht fließen« oder dass sie »fließen könnten« oder dass sie »angeblich flossen«. Er sagte, sie »werden fließen«.

Wenn das so ist, Max Lucado, dann musst du mir meine Abgespanntheit und Reizbarkeit erklären. Wenn Gottes Geist in mir lebt, warum habe ich dann so wenig Mitgefühl? Ich kann meine Mutter nicht ertragen, meine Launenhaftigkeit nicht beherrschen und mir selbst nicht vergeben. Ich bin so müde.

Durch Paulus beantwortet Gott diese Frage mit einem einfachen Satz: »Lasst euch ... vom Heiligen Geist erfüllen« (Epheser 5,18). Das Verb in diesem Satz steht in der Befehlsform: Lasst euch erfüllen. Gott befiehlt genauso nachdrücklich »Lasst euch erfüllen«, wie er uns auffordert: »Vergebt«, »Betet« oder »Sagt die Wahrheit«.

Paulus gibt uns hier nicht nur einen Befehl, er gibt uns einen immerwährenden, allumfassenden Befehl. Immerwährend in dem Sinn, dass das »Erfüllen« ein tägliches Vorrecht ist. »Allumfassend«, weil die Einladung an alle Menschen gerichtet ist. »Lasst euch *alle* vom Heiligen Geist erfüllen.« Junge, Alte, Untergebene, Geschäftsleute, gestandene Christen und Neubekehrte. Der Geist wird alle erfüllen. Keine geistliche Eignungsprüfung ist erforderlich. Wir brauchen ihn nicht zum Kommen zu überreden, er ist schon da. Wir haben bereits Gesellschaft. »Wisst ihr nicht, dass euer Leib ein Tempel des Heiligen Geistes in euch ist, der in euch lebt?« (1. Korinther 6,19). Als Christen haben wir all die Kraft, die wir brauchen, für alle Probleme, die uns begegnen.

Die eigentliche Frage lautet nicht: Wie bekomme ich mehr vom Heiligen Geist?, sondern: Wie kannst du, Heiliger Geist, mehr von mir bekommen? Auf diese Frage erwarten wir eine Antwort, die sich mit dem Werk Mutter Teresas messen kann: Ein Waisenhaus bauen. Das dritte Buch Mose auswendig lernen. Leprakranke baden. Ein Dutzend Bücher von Lucado lesen und dabei wach bleiben. Wir denken: *Wenn wir das tun, werden wir vom Heiligen Geist erfüllt.*

»Wenn du nur das tust, wirst du müde«, berichtigt uns Gott. Wünschen Sie sich Gottes Geist? Dann müssen Sie um ihn bitten. »Denn wer bittet, wird erhalten. ... Wenn aber selbst ihr sündigen Menschen wisst, wie ihr euren Kindern Gutes tun könnt, wie viel eher wird euer Vater im Himmel denen, die ihn bitten, den Heiligen Geist schenken« (Lukas 11,10+13).

Der Heilige Geist erfüllt uns, wenn wir beten. Wünschen Sie sich, mit Kraft erfüllt zu werden? Natürlich! Dann beten Sie:

»Herr, ich bitte um deine Energie. Wenn ich vom Heiligen Geist gestärkt bin, kann ich durch Christus, der mir Kraft schenkt, alles tun.« Öffnen Sie dem Heiligen Geist jeden Raum Ihres Herzens.

Ich tat etwas Ähnliches mit meiner Klimaanlage. Wenn ich im Esszimmer lese, umgibt mich kühle Luft. Der Gehsteig draußen glüht in der sengenden Hitze. Doch im Zimmer genieße ich angenehme Kühle. Dafür gibt es zwei Gründe. Neben dem Haus steht ein Kompressor. Ich habe ihn nicht gebaut und nicht eingerichtet. Er war schon da, als ich das Haus kaufte. Das kühle Haus verdanke ich also einem guten Kompressor.

Aber ich verdanke es genauso den geöffneten Ventilen. Ich habe die »Luftmacher« nicht installiert, aber ich habe die »Luftsperren« geöffnet. Kühle Luft erfüllt das Haus, weil die Ventile geöffnet sind. Ich ging von einem Zimmer zum anderen, drückte auf die Knöpfe und ließ die Luft frei. Der Heilige Geist wird Ihr Leben erfüllen, wenn Sie das Gleiche tun: wenn Sie ihn einladen, hereinzufließen, ein Zimmer nach dem anderen zu erfüllen.

Versuchen Sie Folgendes: Begleiten Sie in Ihren Gedanken den Heiligen Geist in jedes Zimmer Ihrer Wohnung, bevor Sie aus dem Bett steigen. Öffnen Sie alle Ventile, bevor Ihre Füße den Boden berühren. Haben Sie in einem Schlafzimmer Ärger gehabt? Liegen auf Ihrem Schreibtisch unbezahlte Rechnungen? Haben Sie Konflikte im Büro? Brauchen Sie etwas frische Luft im Keller oder eine andere Atmosphäre im Flur? Laden Sie den Heiligen Geist ein, jeden Bereich Ihres Lebens zu füllen. Wenn Sie ihn dann in Ihr ganzes Herz eingelassen haben, gehen Sie in die Garage, setzen sich auf den Beifahrersitz, schnallen Sie sich an und danken Ihrem starken Fahrer, dass Sie nicht mehr in Rackerstadt wohnen.

7.

WARTEN AUF KRAFT

Wie Unkraut im Rosenbeet wirkt diese Beschreibung von Matthäus: »Dann gingen die elf Jünger nach Galiläa zu dem Berg, den Jesus ihnen genannt hatte. Als sie ihn sahen, beteten sie ihn an – *aber einige zweifelten immer noch*« (Matthäus 28,16-17; Kursivschrift vom Autor). Drei Jahre Wunder waren nicht genug. Auch nicht die vierzig Tage des Zusammenseins mit Jesus nach seiner Auferstehung. Sie sahen, wie er Tote auferweckte und die Wetterverhältnisse in den Händen hielt, aber sie zweifelten immer noch.

Das kann nicht dein Ernst sein, Matthäus! Wer kennt Jesus besser als diese Jünger? Stellt ihnen eine Frage über Christus. Los, irgendeine. Hat er beim Wandern gesummt? Hat er vor dem Essen gebetet? Hat er im Schlaf zu Stürmen gesprochen? Wenn ja, haben die Stürme auf ihn gehört? Sie wissen es. Sie kennen Christus.

Und sie konnten viel über das Leiden von Christus berichten. Johannes ist bei jedem Hammerschlag zusammengezuckt. Maria weinte, als ihr Sohn stöhnte. Sie waren so nahe, dass sein Blut sie bespritzen konnte, ja, sein Leiden kannten sie. Als es Zeit war, seinen Körper für die Beerdigung vorzubereiten, taten sie es.

Und als es Zeit war, das leere Grab zu sehen, waren sie auch zur Stelle. Petrus fuhr mit seinem Finger über die Steinplatte. Thomas untersuchte die durchbohrten Hände von Jesus wie ein Handlinienleser. Und Jesus erteilte ihnen vierzig Tage lang Unterricht. Vierzig Tage! Können Sie sich ein sechswöchiges Seminar mit dem auferstandenen Jesus vorstellen? »Erzähl uns noch einmal, Jesus, wie in aller Welt du aus der Hölle herausgekommen bist.«

Sie wurden von Christus persönlich ausgebildet. Sie waren Zeugen der Augenblicke, die die Geschichte veränderten. Diese Menschen sind bereit, nicht wahr? Offensichtlich nicht. »Einige zweifelten immer noch.«

Fragen schwirren durch den Kopf, aufdringlich wie Fliegen im Sommer. Sogar nach tausend Gesprächen am Lagerfeuer und einem ganzen Buch voller Aufsehen erregender Erlebnisse haben einige Jünger immer noch Bedenken. *Ich bin mir immer noch unsicher.*

Was wird Jesus mit ihnen tun? Das möchten wir gern wissen, wirklich wissen. *Immer noch* geistert auch durch unsere Sätze.

»Ich mache mir immer noch Sorgen.«

»Ich tratsche immer noch über andere.«

»In meiner Ehe herrscht immer noch klirrender Frost.«

»Ich bin immer noch zwischen einer halben Stunde Stille mit Gott und der Kneipe an der Ecke hin- und hergerissen.«

»Ich beiße immer noch die Zähne zusammen, wenn mein Ex-Freund mich anruft.«

In den noch vorhandenen Zweifeln der Jünger finden wir eigenartigen Trost. Denn auch wir zweifeln immer noch. Und deshalb fragen wir uns: *Hat Christus ein Wort für Menschen, die immer noch Zweifel haben?*

Laut erschallt sein »Ja«. Und seine Anweisung klingt überraschend. Er sagt uns genau das, was er auch den Jüngern sagte. »Bleibt hier in Jerusalem, bis der Vater euch sendet, was er versprochen hat. Erinnert euch: Ich habe schon mit euch darüber geredet« (Apostelgeschichte 1,4).

Was sagt Jesus zu den zweifelnden Jüngern? »Wartet.« Bleibt still, bleibt sitzen, bevor ihr hervortretet. »Ihr aber bleibt hier in der Stadt, bis der Heilige Geist kommen und euch mit Kraft aus dem Himmel erfüllen wird« (Lukas 24,49).

Und das tun sie. Sie »gingen in den im oberen Stock gelegenen Raum, in dem sie sich auch sonst aufhielten. ... Sie alle kamen regelmäßig zum Gebet zusammen, gemeinsam mit Maria, der Mutter von Jesus, einigen anderen Frauen und den Brüdern von Jesus« (Apostelgeschichte 1,13-14).

Sie haben gute Gründe zum Fortgehen. Sie haben Geschäfte zu

führen oder Äcker zu bestellen. Außerdem ziehen dieselben Soldaten, die Jesus töteten, immer noch durch die Straßen Jerusalems. Die Jünger haben reichlich Grund zum Weggehen ... doch sie tun es nicht. Sie bleiben. Und sie bleiben zusammen.

»Sie alle kamen regelmäßig zum Gebet zusammen.« Etwa 120 Menschen versammeln sich im selben Haus. Wie viele unterschwellige Konflikte schwelen in dieser Gruppe? Der Raum ähnelt einem Pulverfass. Nathanael könnte Petrus gehässig anstarren, weil er Jesus beim Feuer verleugnet hat. Doch andererseits ist Petrus zumindest in der Nähe des Feuers geblieben. Er könnte es den anderen übel nehmen, dass sie fortgelaufen sind. Dazu hätten auch die Frauen Grund. Treue Frauen, die neben dem Kreuz standen, teilen den Raum mit feigen Männern, die vor dem Kreuz flohen. Der Raum ist reif für einen Konflikt. Maria könnte eine Sonderbehandlung verlangen. Die leiblichen Brüder von Jesus sind im Raum. Sie haben einmal versucht, Jesus einzusperren. Wer kann sagen, ob sie nicht seine Nachfolger einsperren? Und die Frauen? Ist dies hier nicht ein Männertreff? Wer hat die Damen eingelassen? Bitterkeit, Überheblichkeit, Misstrauen, übertriebener Patriotismus – der Raum enthält ein explosives Gemisch. Doch niemand zündet ein Streichholz an. Sie bleiben zusammen, und sie beten miteinander.

»Sie alle kamen regelmäßig zum Gebet zusammen.« Markus benutzt dasselbe griechische Wort, das hier mit »regelmäßig« übersetzt wird, um ein Boot zu beschreiben, das im Wasser auf Jesus wartet. Der Herr, der am Ufer des Sees Genezareth zu einer großen Menschenmenge sprach, bat die Jünger, ein Boot bereitzuhalten (Markus 3,9). Das Boot war »regelmäßig« oder »ständig« in der Gegenwart von Christus. Und das sind auch die Jünger in dem im oberen Stock gelegenen Raum. Ein Tag vergeht. Dann zwei. Dann eine Woche. Soviel sie wissen, würden noch hundert Tage kommen und gehen. Doch sie gehen nicht fort. Sie bleiben in der Gegenwart von Christus.

Und dann, zehn Tage später, geschieht das Unfassbare:

> Am Pfingsttag waren alle versammelt. Plötzlich ertönte vom Himmel ein Brausen wie das Rauschen eines mächtigen Sturms und erfüllte das Haus, in dem sie versammelt waren. Dann erschien etwas, das aussah wie Flammen, die sich zerteilten, wie Feuerzungen, die sich auf jeden Einzelnen von ihnen niederließen. Und alle Anwesenden wurden vom Heiligen Geist erfüllt. (Apostelgeschichte 2,1-4)

Zweifler wurden zu Propheten. Petrus predigte und die Menschen kamen und Gott öffnete die Schleusen für die größte Bewegung der Geschichte. Sie begann, weil die Jünger bereit waren, eines zu tun: am richtigen Ort auf Kraft zu warten.

Uns widerstrebt es, das zu tun, was sie taten. Wer hat schon Zeit zum Warten? Bei einem solchen Gedanken stöhnen wir. Doch Warten bedeutet nicht Nichtstun. Warten bedeutet, nach Gott Ausschau zu halten. Wenn man auf einen Bus wartet, hält man nach dem Bus Ausschau. Wenn man auf Gott wartet, hält man nach Gott Ausschau, forscht nach Gott, hofft auf Gott. Gottes Versprechen erfüllen sich für Menschen, die das tun. »Die auf den Herrn harren, kriegen neue Kraft, dass sie auffahren mit Flügeln wie Adler, dass sie laufen und nicht matt werden, dass sie wandeln und nicht müde werden« (Jesaja 40,31; Luther 84).

Zu denen, die sich immer noch abmühen, sagt Gott: »Wartet auf mich.« Aber wartet am richtigen Ort. Zu uns sagt Jesus nicht, dass wir in Jerusalem bleiben sollen, aber er möchte, dass wir ehrlich, treu und wahrhaftig bleiben. »Werdet ihr aber der Stimme des Herrn nicht gehorchen, sondern seinem Munde ungehorsam sein, so wird die Hand des Herrn gegen euch sein wie gegen eure Väter« (1. Samuel 12,15; Luther 84). Füllen Sie sich illegal die Taschen? Geben Sie Ihren Körper an jemanden hin, der nicht

Ihren Ring trägt? Ist Ihr Mund die Quelle eines Stromes von Klatsch? Wenn Sie sich absichtlich an der Bushaltestelle »Ungehorsam« herumtreiben, müssen Sie eines wissen – Gottes Bus hält hier nicht. Gehen Sie zum Ort des Gehorsams. »Wir sind Zeugen davon, ebenso wie der Heilige Geist, den Gott denen gibt, die ihm gehorchen« (Apostelgeschichte 5,32).

Tun Sie sich mit anderen Menschen zusammen, während Sie am richtigen Ort warten. Wäre der Heilige Geist zu zerstrittenen Jüngern gekommen? Petrus schreibt, dass Uneinigkeit ein Hindernis für Gebete ist. Ehemännern ermahnt er: »Begegnet ihnen [euren Ehefrauen] verständnisvoll ... damit eure Gebete nicht vergeblich sind« (1. Petrus 3,7). Auf Gott warten bedeutet, Konflikte aufarbeiten, Kränkungen vergeben, Streitigkeiten beilegen. »Bemüht euch, im Geist eins zu sein, indem ihr untereinander Frieden haltet« (Epheser 4,3).

Vor einigen Jahren hatte unsere Familie im Garten ein Trampolin stehen. An einem Samstagnachmittag beobachtete ich, wie unsere Mädchen darauf herumhüpften. Wie alle Geschwister kommen meine Töchter nicht immer miteinander aus. Doch aus irgendeinem Grund hielten sie an diesem Nachmittag zusammen. Wenn eine sprang, klatschten die anderen beiden Beifall. Wenn eine fiel, halfen ihr die anderen beiden wieder auf die Beine. Mir schwoll die Brust vor Stolz. Wissen Sie, was ich nach einiger Zeit tat? Ich gesellte mich zu ihnen. Ich konnte einfach nicht widerstehen. Ihre Gemeinschaft gefiel mir. Unsere Gemeinschaft gefällt Christus. Jesus hat versprochen: »Wo zwei oder drei zusammenkommen, die zu mir gehören, bin ich mitten unter ihnen« (Matthäus 18,20).

Wünschen Sie sich Kraft für Ihr Leben? Was müssen wir tun, damit diese Kraft kommt? »Tragt euren Teil dazu bei, mit anderen in Frieden zu leben, so weit es möglich ist« (Römer 12,18).

Diese Kraft kommt auch, wenn wir beten. Die Jünger beten zehn Tage lang. Zehn Tage Gebet und einige Minuten Predigt hatten zur Folge, dass dreitausend Menschen gerettet wurden. Vielleicht vertauschen wir die Zahlen. Wir neigen dazu, einige Minuten lang zu beten und zehn Tage lang zu predigen. Bei den Aposteln war es anders. Wie das Boot, das auf Jesus wartete, blieben sie in seiner Gegenwart. Nie verließen sie den Ort des Gebets.

In der Bibel ist oft von diesem Ort die Rede. Die ersten Christen wurden aufgefordert:

- »Hört nicht auf zu beten« (1. Thessalonicher 5,17).
- »Hört niemals auf zu beten« (Römer 12,12).
- »Betet immer und in jeder Situation« (Epheser 6,18).

Erinnern Sie sich, dass die Apostel in dem im oberen Stock gelegenen Raum *regelmäßig* beteten. Mit folgendem Bibelvers werden auch wir zu regelmäßigem Gebet aufgefordert: »Hört nicht auf zu beten und Gott zu danken« (Kolosser 4,2).

Klingt das beschwerlich? Fragen Sie sich: *Ich muss mich voll und ganz auf mein Geschäft konzentrieren, ich muss meinen Kindern das Essen auf den Tisch stellen und meine Rechnungen bezahlen. Wie kann ich an einem Ort des Gebets bleiben?* Nicht aufhören zu beten klingt vielleicht kompliziert, doch das muss nicht so sein.

Tun Sie Folgendes: Ändern Sie Ihre Definition von Gebet. Betrachten Sie das Gebet weniger als ein Tun für Gott und mehr als ein Bewusstsein von Gottes Gegenwart. Versuchen Sie, ununterbrochen in diesem Bewusstsein zu leben. Erkennen Sie Gottes Gegenwart dankbar an, wo immer Sie auch hingehen. Wenn Sie in der Schlange stehen, um Ihr Auto anzumelden, denken Sie: *Danke, Herr, dass du hier bist.* Wenn Sie einkaufen: *Mein König, ich freue mich über deine Gegenwart.* Beten Sie Ihren Schöpfer beim Geschirrspülen an. Bruder Lawrence tat das. Dieser bekannte Heilige nannte sich den »Herrn der Töpfe und Pfannen«. In seinem Buch *Practice of the Presence of Gott* schrieb er:

Bei mir gibt es keinen Unterschied zwischen der Zeit für Arbeit und der Zeit fürs Gebet. Mitten im Lärm und Geklapper meiner Küche, wenn mehrere Menschen gleichzeitig nach verschiedenen Dingen schreien, ist Gott mit genauso großer Ruhe mein, als wenn ich beim Heiligen Sakrament auf den Knien liege.[1]

Obwohl ich ein Anfänger im unaufhörlichen Gebet bin, habe ich daran Vergnügen gefunden. Ich habe die Kraft entdeckt, zwei Gespräche zur gleichen Zeit zu führen: eines mit einem Menschen und das andere mit Gott. Man kann gleichzeitig zuhören und bitten. Wenn ein Mensch vor mir sein Problem ausbreitet, bete ich oft im Stillen: *Gott, bitte hilf.* Er hilft immer. Ich habe auch entdeckt, wie gut regelmäßige Schlucke aus seinem Wasserkühler tun. Den ganzen Tag über sind meine Gedanken geprägt von Sätzen wie: *Führe mich, Vater. Vergib mir, Vater. Schütze meine Töchter heute.*

Noch ein letzter Gedanke. In dem im oberen Stock gelegenen Raum waren 120 Menschen beisammen. Da damals ungefähr 4.000.000 Menschen in Palästina lebten, bedeutet das, dass auf mehr als 30.000 Einwohner nur ein Christ kam.[2] Doch schauen Sie die Frucht ihrer Arbeit an. Oder besser gesagt, schauen Sie die Frucht von Gottes Geist in ihnen an. Wir können uns nur fragen, was heute geschehen würde, wenn wir, die wir uns *immer noch* abmühen, tun würden, was sie taten: am richtigen Ort auf den Herrn warten.

8.

GOTTES HANDSCHUH

Sie sind stolz auf Ihre neuen Handschuhe, die Sie gerade gekauft haben. Ihre alten Handschuhe waren abgetragen und alt, schützten Sie nicht mehr vor dem beißenden Frost. Deshalb gingen Sie einkaufen und fanden genau das richtige Paar. Wie viele haben Sie angeschaut? Dutzende. Und wie viele haben Sie probiert? Fast genauso viele. Denn was nützen Handschuhe, wenn sie Ihnen nicht gefallen oder wenn sie nicht passen?

Aber jetzt haben Sie diese gefunden. Die Verkäuferin hat Ihnen einen Gefallen getan. Sie griff unter den Ladentisch und legte Ihnen Handschuhe vor, die noch in einer Plastikhülle eingeschweißt waren. Sie zahlten den Preis und traten auf die Straße und öffneten die Packung. Und nun machen Sie sich an diesem frostigen Morgen daran, Ihre nagelneuen Handschuhe anzuziehen.

Sie treten an den Rand des Gehsteigs, reißen die Plastikfolie auf und versenken Ihre Hand in die flauschige Wärme. Doch es geht nicht. Sie können Ihre Finger nicht in die Finger des Handschuhs bekommen! Die fünf Finger des Handschuhs sind jeweils zusammengenäht. Ein Fehler der Fabrik? Ein Versehen des Ladens? Wer weiß? Eines ist sicher: Ihre Finger passen nicht in den Handschuh. Eine geballte Faust schon, aber keine ausgestreckte Hand.

Kein Problem, sagen Sie sich. *Ich komme damit zurecht*. Sie machen eine Faust, benutzen den Handschuh wie einen Fäustling, während die Finger des Handschuhs herumbaumeln. Es ist nicht genau das, was Sie sich gewünscht hatten, doch wenn es um Wärme geht, können Sie nicht klagen. Gefaltete Finger bleiben hübsch warm. Frostbeulen sind kein Thema.

Die Funktionsfähigkeit schon. Haben Sie schon einmal versucht, eine Zeitung aufzuheben, wenn Ihre Finger in einem

Handschuh gefaltet sind? Nicht leicht. Schuhe binden wird auch zum Problem. Ihre Hände fühlen sich wie Pferdehufe an. Wenn Sie jemandem zuwinken, denkt er, Sie drohen ihm mit der Faust. Ganz zu schweigen vom Fassen eines Stiftes oder Wählen einer Nummer auf einem Handy. Mit schlaff herunterhängenden Wollfingern bekommen Sie nichts in den Griff.

Sie wollen ausgestreckte, starke Finger. Warum? Sie müssen Blätter harken, ein Steuerrad umfassen, die Hand eines Nachbarn schütteln. Einfach gesagt, Sie haben Dinge zu tun.

Auch Gott hat Dinge zu tun. Babys müssen umarmt werden, Kinder müssen liebevoll zu Bett gebracht werden. AIDS-Waisen brauchen ein Zuhause. Ausgepumpte Führungskräfte brauchen Hoffnung. Gott hat Arbeit. Und für diese Arbeit benutzt er unsere Hände.

Was die Hand für den Handschuh ist, ist der Heilige Geist für den Christen. »Siehe, ich stehe vor der Tür und klopfe an. Wenn jemand mich rufen hört und die Tür öffnet, werde ich *eintreten*« (Offenbarung 3,20; Kursivschrift vom Autor). Gott tritt bei uns ein. Manchmal unmerklich. Manchmal dramatisch. Gott streckt seine Finger in unser Leben, Zentimeter um Zentimeter beansprucht er das Gebiet zurück, das rechtmäßig ihm gehört.

Ihre Zunge. Er beansprucht sie für seine Botschaft.

Ihre Füße. Er verlangt sie für seinen Zweck.

Ihren Verstand? Er hat ihn gemacht und möchte ihn zu seiner Ehre benutzen.

Ihre Augen, Ihr Gesicht und Ihre Hände? Mit ihnen wird er weinen, lächeln und andere berühren.

Wie ein Handschuh auf die Kraft der Hand reagiert, werden Sie so auf die Führung von Christus reagieren, dass Sie schließlich sagen: »Ich lebe, aber nicht mehr ich selbst, sondern Christus lebt in mir« (Galater 2,20). Doch bis es so weit ist, kann es lange dauern. Warum gehen manche so zuversichtlich voran und warum stolpern andere regelmäßig?

Es ist nicht leicht, das Unsichtbare anzunehmen. Den meisten Christen fällt es leichter, das Kreuz von Christus als den Geist von Christus anzunehmen. Karfreitag ist einleuchtender als Pfingsten. Christus, unser Stellvertreter. Jesus, der unseren Platz einnimmt. Der Retter, der für unsere Sünden zahlt. Das sind verblüffende Gedanken, denen man aber zustimmen kann. Sie fallen in das Gebiet des Geschäftslebens und der Stellvertretung, mit denen wir vertraut sind. Doch Gespräche über den Heiligen Geist führen uns in den Bereich des Übernatürlichen und Unsichtbaren. Wir werden schnell still und vorsichtig und fürchten uns vor dem, was wir nicht sehen oder erklären können.

Es ist hilfreich, das Wirken des Heiligen Geistes von folgendem Standpunkt her zu betrachten. Was Jesus in Galiläa tat, tut der Heilige Geist in uns. Jesus *wohnte unter* den Menschen, lehrte, tröstete und überzeugte. Der Heilige Geist *wohnt in* uns, lehrt, tröstet und überzeugt. Für dieses Versprechen wird im Neuen Testament meist das Wort *oikeo* benutzt, das »leben« oder »wohnen« bedeutet. *Oikeo* stammt von dem griechischen Wort *oikos* ab, was »Haus« bedeutet. Der Heilige Geist wohnt in einem Gläubigen, wie ein Hausbesitzer in seinem Haus wohnt.

> Wer vom Heiligen Geist geleitet wird, richtet sich nach dem, was der Geist will. ...
> Ihr aber werdet nicht mehr von eurer sündigen Natur, sondern vom Geist Gottes beherrscht, wenn Gottes Geist in euch lebt. Wer aber den Geist Christi nicht hat, der gehört nicht zu Christus. Da Christus in euch lebt, wird zwar euer Körper aufgrund der Sünde sterben, aber durch den Geist empfangt ihr Leben, weil ihr von Gott gerecht gesprochen wurdet.
> (Römer 8,5.9-10)

In diesen Versen ist von einem dauerhaften Zustand die Rede. *Gottes Geist lebt in euch.* Timotheus wird von Paulus nachdrücklich aufgefordert: »Bewahre sorgfältig, was dir anvertraut wurde; der Heilige Geist, der in uns lebt, hilft dir dabei« (2. Timotheus 1,14). Hätte es der Apostel deutlicher ausdrücken können als mit diesen Worten: »Erkennt ihr denn nicht, dass ihr der Tempel Gottes seid und dass der Geist Gottes in euch wohnt« (1. Korinther 3,16)?

Alle Gläubigen haben Gott im Herzen. Doch nicht alle Gläubigen haben Gott ihr ganzes Herz überlassen. Erinnern Sie sich daran, dass die Frage nicht lautet: Wie kann ich mehr vom Heiligen Geist bekommen? Die Frage lautet vielmehr: Wie kann der Heilige Geist mehr von mir bekommen? Die Handfläche und ein paar Finger genügen nicht. C. S. Lewis beschrieb es sehr gut:

> Christus sagt: »Gib mir alles. Ich will nicht soundso viel von deiner Zeit und soundso viel von deinem Geld und soundso viel von deiner Arbeit: Ich will dich. Ich bin nicht gekommen, um dein natürliches Ich zu quälen, ich bin gekommen, um es zu töten. Halbe Sachen genügen nicht. Ich will nicht hier einen Ast und dort einen Zweig absägen, ich will den ganzen Baum fällen. ... Übergib dein ganzes natürliches Ich, all die Wünsche, die du für unschuldig hältst und auch die Wünsche, die du für böse hältst – alles, ohne Ausnahme. Ich gebe dir dann ein neues Ich. Ja, mich selbst werde ich dir geben: Mein Wille wird dann zu deinem Willen werden.«[1]

Machen Sie Bestandsaufnahme. Entdecken Sie in Ihrem Leben Widerstandsnester? Zugenähte Finger? Gehen Sie die Liste durch.

Ihre Zunge. Nehmen Sie es hin und wieder mit der Wahrheit nicht ganz genau? Übertreiben Sie gern die Tatsachen? Überprüfen Sie Ihre Redeweise. Sind Ihre Worte eine Kloake von Flüchen und zotigen Ausdrücken? Wie steht es mit Groll? Hegen Sie im Hinterkämmerchen Bitterkeit? Sind Sie bequem und faul? Leben Sie auf Kosten des Systems, in der Überzeugung, dass die Kirche oder der Staat für Sie aufkommen müssen?

Wenn Sie der Meinung sind, dass diese Fragen zu persönlich sind, dann wenden Sie sich an Paulus. Er hat die Liste erstellt.

> Hört auf zu lügen und »sagt einander die Wahrheit«, weil wir alle zusammengehören. »Sündigt nicht, wenn ihr zornig seid«, und lasst die Sonne nicht über eurem Zorn untergehen. Gebt dem Teufel keine Möglichkeit, durch den Zorn Macht über euch zu gewinnen!
> Wer ein Dieb ist, soll aufhören zu stehlen. Er soll seine Hände zu ehrlicher Arbeit gebrauchen und dann anderen, die in Not sind, großzügig geben. Verzichtet auf schlechtes Gerede, sondern was ihr redet, soll für andere gut und aufbauend sein, damit sie im Glauben ermutigt werden.
> *Achtet darauf, den Heiligen Geist nicht durch euer Verhalten zu betrügen.* Denkt vielmehr daran, dass ihr sein Siegel tragt und dadurch die Gewissheit habt, dass der Tag der Erlösung kommen wird.
> Befreit euch von Bitterkeit und Wut, von Ärger, harten Worten und übler Nachrede sowie jeder Art von Bosheit. Seid stattdessen freundlich und mitfühlend zueinander und vergebt euch gegenseitig, wie auch Gott euch durch Christus vergeben hat.
> (Epheser 4,25-31; Kursivschrift vom Autor)

Hindern Ihre Taten den Heiligen Geist daran, in Ihr Leben zu fließen?

Vor kurzem wurde unser Leben von einem ungebetenen Gast unterbrochen. Ich hatte den Fernseher eingeschaltet, um die Entscheidungsspiele im Baseball anzuschauen. Der Empfang war wechselhaft. Das Bild erschien und verschwand wieder. Ich setzte meine ganze Fachkenntnis ein, wie an den Anschlüssen rütteln und mit der Faust auf den Fernseher schlagen ... Nichts half.

Die für das Kabel zuständige Firma teilte mit, dass das gesendete Signal stark sei und dass das Problem bei mir liege. Ein paar Tage später entdeckte der Mann vom Kundendienst den Fehler. Denalyn konnte es sich nicht verkneifen, mich anzurufen, um mir den Grund für den schlechten Empfang mitzuteilen. »Erinnerst du dich an den Marder, den wir auf dem Speicher umhersausen hörten?«, fragte sie.

Eine Woche vorher waren wir durch Trippeln über der Schlafzimmerdecke aufgeweckt worden. Der Schädlingsbekämpfungsdienst hatte Spuren eines Marders festgestellt. Er stellte einen Käfig auf, und der Spuk hatte ein Ende. Ehrlich gesagt, habe ich gedacht, dass er das Tierchen abgeholt hatte. Doch das hatte er nicht. Der Marder saß mindestens einen Tag lang in seinem Käfig auf dem Speicher.

Ich weiß nichts über Marder, die in Käfigen gefangen sind, habe aber gelernt, dass sie Baseball-Spiele der Oberliga nicht mögen. Während der schlechte Empfang mir die Freude an den Spielen verleidete, kaute das Tierchen an den Kabeln. Der Drahtkäfig hatte Öffnungen, die gerade groß genug für seine Nase waren, und er stand nahe genug an den Kabeln, um zu verhindern, dass ich sah, wie Boston gegen New York gewann.

Es genügt nicht, die Schädlinge zu erkennen. Man muss dafür sorgen, dass sie das Haus verlassen.

Sie kennen wahrscheinlich einige Tierchen, die bei Ihnen wohnen: Eifersucht, Heuchelei, Habgier, Angst. Sie hören sie umhersausen. Sie können das Geräusch nicht ausstehen und stellen vielleicht sogar ein paar Fallen auf. »Ich arbeite an meiner Launenhaftigkeit.« »Mit dieser schlechten Angewohnheit muss ich mich auseinander setzen.« Das ist ein guter Anfang, aber machen Sie weiter. Es genügt nicht, das Ungeziefer einzufangen. Rufen Sie den himmlischen Schädlingsbekämpfungsdienst. Bitten Sie Gott um Hilfe, die Schädlinge loszuwerden.

Erinnern Sie sich an die Aufforderung von Paulus? »Befreit euch von Bitterkeit und Wut, von Ärger, harten Worten und übler Nachrede sowie jeder Art von Bosheit« (Epheser 4,31). Wenn wir an Sünde festhalten, wird der Heilige Geist behindert. Bekannte Sünde jedoch repariert das Kabel und stellt die Verbindung zur Energiequelle wieder her.

Das kann eine gewisse Zeit in Anspruch nehmen. Geben Sie nicht auf, auch wenn Sie stolpern. Kommen Sie immer wieder zu Gott. Trinken Sie immer wieder an seiner Quelle. Und bitten Sie immer wieder. »Unser Vater im Himmel [wird] denen, die ihn bitten, den Heiligen Geist schenken« (Lukas 11,13).

Machen Sie nicht den gleichen Fehler wie die Fliege, die ich neulich in einem Flugzeug erlebt habe. Sie schwirrte aufgeregt in der Kabine herum. Wie seltsam. Eine Fliege, die in einem fliegenden Flugzeug herumfliegt. Warum sollte eine Fliege während eines Fluges herumfliegen? Half sie dem Flugzeug? Leistete sie ihren Beitrag, um das Flugzeug in der Luft zu halten? Warum flog die Fliege im Flugzeug herum?

Ich fragte sie: »Frau Fliege, warum fliegen Sie? Warum setzen Sie sich nicht einfach hin und genießen die Reise?«

Die Antwort klang recht überheblich. »Soll ich das Flugzeug vielleicht abstürzen lassen? Dieses Flugzeug braucht mich. Meine Flügel sind für Ihre Sicherheit unentbehrlich.« Wichtigtuerisch flog sie in den vorderen Teil des Flugzeugs. Als sie nach einiger Zeit zurückkam, sah sie nicht mehr so selbstsicher aus. Angst flackerte in ihren winzigen Augen. »Ich glaube, ich schaffe es nicht mehr!«

»Was schaffen?«

»Das Flugzeug in der Höhe zu halten. Ich fliege so energisch, wie ich kann. Aber meine Flügel werden müde. Ich weiß nicht, wie lange ich das noch durchhalte.«

Ich beschloss, kein Blatt vor den Mund zu nehmen. »Wissen Sie denn nicht, dass es nicht auf Sie ankommt? Sie sind von Kraft umgeben, Sie werden von einer Energie getragen, die nicht die Ihre ist. Hören Sie auf zu fliegen! Es ist nicht Ihre Aufgabe, dieses Flugzeug an seinen Bestimmungsort zu bringen.«

Sie schaute mich an, als sei ich verrückt und sagte mir, ich solle abschwirren.

Ich hoffe, dass Sie das nicht tun. Einige unter Ihnen müssen zur Ruhe kommen. Sie fliegen energisch vor und zurück, sind stets geschäftig, denken immer, der Erfolg der Reise würde von Ihnen abhängen. Haben Sie Angst, nachzulassen?

Schauen Sie aus dem Fenster. Gottes Flügel tragen Sie. Gottes Motoren geben Ihnen Energie. Sie können wie eine Fliege mit den Flügeln schlagen und doch diesen Flug nicht beschleunigen. Ihre Aufgabe ist es, sich hinzusetzen und zu vertrauen: Sie müssen sich etwas schenken lassen.

Nehmen Sie seine Kraft an. Seien Sie der Handschuh und lassen Sie seine Hand tief in Ihr Leben eindringen.

Überlassen Sie sich seinem Plan. Werden Sie die Schädlinge los, die an den Kabeln knabbern. Und *machen Sie weiter*. Suchen Sie unaufhörlich nach Gottes Geist.

Und vor allem bitten Sie immer wieder. »Unser Vater im Himmel [wird] denen, die ihn bitten, den Heiligen Geist schenken« (Lukas 11,13).

9. ES KOMMT NICHT AUF SIE AN

ES KOMMT NICHT AUF SIE AN

Es ist mir unerklärlich, warum jemand Hannah Lake ärgern wollte. Wenn einen das süße Gesichtchen der Zehnjährigen nicht erweichte, dann tat es ihre engelhafte Stimme. Doch ihr Vater erzählte mir, dass ein Rowdy aus der Hauptschule versuchte, sie zu drangsalieren. Einschüchterungstaktik, Druck – der Peiniger versuchte alles. Doch Hannah ließ sich nicht unterkriegen. Aber letztendlich halfen ihr nicht ihre Grübchen und ihre zarte Stimme durch, sondern ihr Glaube.

Der größere Schüler warnte Hannah, sich auf einen Kampf gefasst zu machen. »Jetzt bin ich jeden Tag hinter dir her.« Hannah zuckte nicht zusammen und weinte nicht. Sie informierte den Übeltäter einfach über die Tatsachen. »Tu, was du zu tun hast«, erklärte sie. »Aber eines musst du wissen: Gott ist auf meiner Seite.«

Damit waren die Drohungen zu Ende.

Auf Sie warten keine Peiniger aus der Hauptschule, sondern Beerdigungen, die Auslagerung von Arbeitsplätzen und Schönwetter-Freunde. Ihr Lebensweg ist mit Herausforderungen übersät wie mit Pockennarben. Wo finden Sie die Energie, mit ihnen fertig zu werden? Gott verspricht nie, dass wir von Leid verschont bleiben. Aber er verspricht die ermutigende Gegenwart seines Heiligen Geistes.

Auf den ersten Blick könnte man denken, dass der Heilige Geist mit spektakulären und wundersamen Dingen zu tun hat. Wir haben im Fernsehen Bilder von schweißgebadeten Predigern, in Ohnmacht fallenden und umkippenden Zuhörern, unverständlichen Zungenreden und zweifelhaften Wundern gesehen. Zwar kann niemand das Aufsehen erregende Wirken des Heiligen Geistes leugnen (Feuerzungen über den Köpfen der

Apostel), doch wenn man sich überwiegend auf das Außerordentliche konzentriert, übersieht man schnell sein stilles Wirken der Festigung.

Unsichtbar, jedoch unverzichtbar dient der Heilige Geist als Ruder für das Schiff Ihrer Seele, hält sie flott und auf Kurs. Sie sind nicht allein unterwegs. Wenn Sie das nächste Mal den Eindruck haben, allein zu sein, denken Sie über einige Gaben des Heiligen Geistes nach. Zum Beispiel wurden Sie »mit dem Siegel seines Heiligen Geistes, den er vor langer Zeit zugesagt hat, als sein Eigentum bestätigt. Der Heilige Geist ist die Garantie dafür, dass er uns alles geben wird, was er uns versprochen hat, und dass wir sein Eigentum sind« (Epheser 1,13-14).

Der Heilige Geist drückt Ihnen ein Siegel auf. Das Wort *Siegel* oder *versiegeln* ruft verschiedene Bilder hervor. Wenn man einen Brief schützen will, drückt man ein Siegel auf. Wenn man verhindern will, dass Luft in ein Konservenglas eindringt, versiegelt man die Öffnung mit einem Gummiring. Um Sauerstoff von Wein fern zu halten, versiegelt man den Korken mit Wachs. Um ein Geschäft zu besiegeln, unterschreibt man einen Vertrag oder lässt eine Unterschrift notariell beglaubigen. Das Versiegeln bedeutet eine Erklärung des Eigentumsrechts, und es ist ein Schutz für den Inhalt.

Das bekannteste »Versiegeln« geschah mit dem Grab von Jesus. Die römischen Soldaten rollten einen großen Stein vor den Eingang des Grabes, dann »versiegelten sie das Grab« (Matthäus 27,66). Archäologen stellen sich vor, dass es sich dabei um zwei Bänder handelte, die über den Eingang gespannt und mit gehärtetem Wachs zusammengeklebt wurden, in das das Siegel der römischen Regierung – SPQR (*Senatus Populusque Romanus*) – eingepresst war, als wollte man sagen: »Halt! Der Inhalt dieses Grabes gehört Rom.« Dieses Siegel stellte sich natürlich als zwecklos heraus.

Das Siegel des Heiligen Geistes aber erweist sich als wirkungsvoll. Als wir Christus als unseren Herrn annahmen, versiegelte

Gott uns mit dem Heiligen Geist. »Ihr habt an Christus geglaubt, und er hat euch mit dem Siegel seines Heiligen Geistes, den er vor langer Zeit zugesagt hat, als sein Eigentum bestätigt« (Epheser 1,13). Wenn die Störenfriede der Hölle kommen und uns von Gott wegziehen wollen, spricht das Siegel gegen sie. Gott hat uns gekauft, wir sind sein Eigentum, er passt auf uns auf. Gott hat für uns einen so hohen Preis bezahlt, dass er uns nicht ungeschützt lässt. Paulus schreibt an anderer Stelle: »Denkt ... daran, dass ihr sein Siegel tragt und dadurch die Gewissheit habt, dass der Tag der Erlösung kommen wird« (Epheser 4,30).

In seinem erfrischenden Buch *The Dance of Hope* erzählt mein Freund Bill Frey die Geschichte eines blinden Studenten namens John, dem er an der Universität von Colorado im Jahr 1951 Nachhilfeunterricht erteilte. Eines Tages stellte er John die Frage, wie er blind geworden sei. John beschrieb einen Unfall, den er als Jugendlicher hatte und der ihm nicht nur sein Sehvermögen, sondern auch seine Hoffnung raubte. Er erzählte Bill: »Ich war verbittert und wütend auf Gott, dass er das geschehen ließ, und ich ließ meine Wut an allen Menschen in meinem Umfeld aus. Da ich keine Zukunft hatte, wie ich meinte, würde ich keinen Finger mehr rühren. Die anderen sollten mich bedienen. Ich schloss mich ein und verließ mein Zimmer nur noch zu den Mahlzeiten.«

Dieses Geständnis überraschte Bill. Der Student, dem er half, zeigte weder Bitterkeit noch Wut. Er bat John, ihm die Veränderung zu erklären. John verdankte die Veränderung seinem Vater. Dieser hatte den Selbstmitleid-Trip satt und wollte, dass sein Sohn wieder mit dem Leben zurechtkam. Deshalb erinnerte er den Jungen an den bevorstehenden Winter und bat ihn, die Winterfenster anzubringen. »Tue diese Arbeit, bevor ich von der Arbeit nach Hause komme, sonst ...«, betonte der Vater, schlug die Tür zu und ging aus dem Haus.

John reagierte mit Wut. Brummelnd und fluchend tastete er sich zur Garage, fand die Fenster, die Leiter und die Werkzeuge und machte sich an die Arbeit. »Es wird ihnen Leid tun, wenn ich von der Leiter falle und mir das Genick breche.« Doch er fiel nicht herunter. Ganz allmählich arbeitete er sich von Fenster zu Fenster und führte die Arbeit zu Ende.

Mit dieser Aufgabe wurde das Ziel des Vaters erreicht. John erkannte widerwillig, dass er noch arbeiten konnte und begann, sein Leben wieder aufzubauen. Jahre später erfuhr er etwas anderes über diesen Tag. Als er Bill die Einzelheiten erzählte, wurden seine blinden Augen feucht. »Später entdeckte ich, dass mein Vater den ganzen Tag über nie weiter als einen Meter von mir entfernt gestanden hatte.«

Der Vater hatte nicht die Absicht, den Jungen fallen zu lassen.

Auch Ihr Vater hat nicht die Absicht, Sie fallen zu lassen. Sie können ihn nicht sehen, aber er ist da. »In seiner großen Macht wird er euch ... beschützen« (1. Petrus 1,5). »Dem, der euch bewahren kann, damit ihr nicht fallt, und der euch bereit macht, damit ihr makellos und voller Freude seid für seine große Herrlichkeit, gehört alle Ehre« (Judas 24).

Nehmen Sie Gottes Wahrheit tief in sich auf. Gott kann Sie vor dem Fallen bewahren! Will er, dass Sie in Angst leben? Nein! Das Gegenteil trifft zu. »Deshalb verhaltet euch nicht wie ängstliche Sklaven. Wir sind doch Kinder Gottes geworden und dürfen ihn ›Abba, Vater‹ rufen. Denn der Geist Gottes selbst bestätigt uns tief im Herzen, dass wir Gottes Kinder sind« (Römer 8,15-16).

Welch mitreißende Aussage! Tief in unserem Herzen bestätigt Gottes Geist unserem Geist, dass wir zu ihm gehören. Tief in unserem Innern flüstert Gottes Geist: »Du gehörst mir. Ich habe dich gekauft und mit meinem Siegel versehen. Niemand kann dich aus meiner Hand reißen.« Der Heilige Geist ist ein tröstlicher Zeuge in uns.

Er ist wie ein Vater, der Hand in Hand mit seinem kleinen Kind spazieren geht. Das Kind weiß, dass es zu seinem Papa gehört, es legt seine kleine Hand glücklich in die große Hand des Vaters. Es empfindet keine Unsicherheit in Bezug auf die Liebe seines Vaters. Doch plötzlich, einer augenblicklichen Regung folgend, schwingt der Vater seinen Sohn in die Luft, fängt ihn wieder auf und flüstert ihm zu: »Ich liebe dich.« Er drückt einen dicken Kuss auf die Wange des Kleinen, dann stellt er ihn wieder auf den Boden, und die beiden gehen zusammen weiter.

Hat sich die Beziehung zwischen den beiden verändert? Auf einer Ebene nicht. Der Vater ist nicht mehr Vater, als er es vor seiner Liebesbezeigung war. Doch auf einer tieferen Ebene schon. Der Vater überschüttete und überhäufte den Jungen mit Liebe. Gottes Geist tut das Gleiche mit uns. »Denn wir wissen, wie sehr Gott uns liebt, weil er uns den Heiligen Geist geschenkt hat, der unsere Herzen mit seiner Liebe erfüllt« (Römer 5,5). Achten Sie genau auf das, was hier steht: Der Heilige Geist erfüllt unsere Herzen mit der Liebe Gottes, nicht mit der Liebe *zu* Gott. Gott gibt dem Heiligen Geist einen Eimer voll Liebe und befiehlt: »Begieße ihre Herzen.«

Es gibt Zeiten, in denen der Heilige Geist uns mit einer wohltuenden Melodie erfreut. *Du gehörst zum Vater. Unterzeichnet, gesiegelt, demnächst geliefert.* Haben Sie schon lange keine Worte der Ermutigung von ihm gehört? Dann sagen Sie es ihm. Er hört Ihnen zu. Und – verstehen Sie das richtig – er ergreift das Wort für uns!

> Der Heilige Geist hilft uns in unserer Schwäche. Denn wir wissen ja nicht einmal, worum oder wie wir beten sollen. Doch der Heilige Geist betet für uns mit einem Seufzen, das sich nicht in Worte fassen lässt. Und der Vater, der alle Herzen kennt, weiß, was der Geist sagt, denn der Geist bittet für die, die zu Gott gehören, wie es dem Willen Gottes entspricht.
>
> (Römer 8,26-27)

Der Heilige Geist hilft uns in unserer Schwäche. Dieser Satz verdient es, mit dem Textmarker hervorgehoben zu werden. Wer bräuchte diese Erinnerung nicht? Schwache Körper, schwacher Wille, geschwächte Entschlusskraft, wir kennen sie alle. Das Wort *Schwäche* kann sich auf körperliche Gebrechlichkeit beziehen, wie bei dem Gelähmten, der achtunddreißig Jahre lang nicht gehen konnte (Johannes 5,5), oder auf geistliche Kraftlosigkeit, wie bei den geistlich Hilflosen aus Römer 5,6.

Gleichgültig, ob wir schwach an Körper oder Seele oder an beidem sind, es ist gut zu wissen, dass es nicht auf uns ankommt, denn in Römer 8,26 steht, dass der Heilige Geist selbst für uns betet.

Während einer Information des Weißen Hauses über die AIDS-Krise erlebte ich, wie ein Starker für einen Schwachen das Wort ergriff. Die meisten Teilnehmer kamen aus Hilfsorganisationen, aber es waren auch einige Pfarrer anwesend. Auf der Tagesordnung stand unter anderem eine Frage- und Antwortrunde mit einem Mitarbeiter des Weißen Hauses, der zum Teil die Milliarden Dollar zu verwalten hatte, die für das Programm zur Vorbeugung und Behandlung von AIDS zweckbestimmt waren. Viele Fragen wurden gestellt. Wie weist man seine Eignung nach? Mit wie viel Zuschüssen kann eine Organisation rechnen? Welche Auflagen werden für den Einsatz der Gelder gemacht? Die meisten Fragen kamen von den Organisationen. Die meisten Pfarrer schwiegen.

Doch nicht Bob Coy. Bob dient einer großen Gemeinde in Fort Lauderdale, Florida. Aus früheren Gesprächen wusste ich, dass sein Herz für Aidsopfer schlägt. Als er die Hand hob, erwartete ich eine Frage zur Politik. Ich irrte mich. Er stellte eine persönliche Frage. »Ich habe einen Freund in Miami, der an AIDS stirbt. Jeden Monat gibt er zweitausend Dollar für Medikamente aus. Da die Krankenversicherung für diese Kosten nicht mehr aufkommt, frage ich, ob ich etwas Unterstützung erhalten kann.«

Der Mitarbeiter des Weißen Hauses war erstaunt, aber höflich. »Hmm, sicher, nach der Sitzung bringe ich Sie mit der zuständigen Person in Verbindung.«

Entschlossen, das Problem vorrangig behandeln zu lassen, blieb der Pfarrer stehen. Er hielt mehrere DIN-A4-Blätter in die Höhe. »Ich habe diese Unterlagen mitgebracht. Falls mehr erforderlich sind, kann ich sie holen lassen.«

Der Regierungsbeamte blieb höflich. »Natürlich. Nach der Sitzung.«

Er hatte schon zwei andere Fragen beantwortet, als er bemerkte, dass der Pfarrer aus Florida wieder seine Hand hob. Dieses Mal kam der Prediger unmittelbar zur Sache. »Ich denke immer noch an meinen Freund«, erklärte er. »Wer unterschreibt die Schecks?«

»Wie bitte?«

»Wer unterschreibt die Schecks? Ich möchte mit der Person sprechen, die die Entscheidungen trifft. Deshalb möchte ich wissen, wer die Schecks unterschreibt.«

Meine anfängliche Reaktion war: *Welche Unerschrockenheit!* Der Pfarrer benutzt das Weiße Haus, um einem Freund zu helfen. Dann dachte ich: *Welche Treue! Hat der bettlägerige Freund in Florida eine Ahnung davon, dass sein Fall nur hundert Meter vom Büro des Präsidenten der USA entfernt vorgebracht wird?*

Haben Sie eine Ahnung davon, dass Ihre Bedürfnisse im Himmel zur Sprache gebracht werden? »Der Heilige Geist betet für uns mit einem Seufzen, das sich nicht in Worte fassen lässt. Und der Vater, der alle Herzen kennt, weiß, was der Geist sagt, denn der Geist bittet für die, die zu Gott gehören, wie es dem Willen Gottes entspricht« (Römer 8,26-27).

Der mit AIDS infizierte Mann hat keine Stimme, keine Macht, keinen Einfluss. Aber er hat einen Freund. Und sein Freund ergreift für ihn das Wort. Das verarmte Waisenkind aus Russland, die fassungslose Kriegerwitwe, der alternde Christ im Pflegeheim

– sie mögen denken, dass sie keine Stimme, keine Macht und keinen Einfluss haben. Doch sie haben einen Freund – einen Berater, einen Tröster –: den gesegneten Geist Gottes, der im Himmel die Sprache des Himmels spricht. Er betet in uns und für uns. Er macht aus unserem wortlosen Seufzen und schmerzlichen Stöhnen ein Gebet. Er tritt vor Gott für uns ein.

Es kommt nicht auf unsere Gebete an. Niemand von uns betet genug, doch wir alle beten mehr als wir denken, denn der Heilige Geist verwandelt unser Seufzen und unsere Tränen in anhaltende Gebete. Er ergreift das Wort für uns und schützt uns. Er sorgt dafür, dass wir gehört werden. Er sorgt dafür, dass wir nach Hause kommen.

Nehmen wir an, ein Mensch hört nie davon, erfährt nie, dass der Heilige Geist Gottes Siegel auf uns drückt und für uns eintritt. Dieser Mensch denkt, dass die Heilsgewissheit in ihm, nicht in Gott liegt, dass vollmächtiges Gebet vom Menschen, nicht vom Heiligen Geist abhängt. Was für ein Leben wird ein solcher Mensch führen?

Ein kraftloses Leben ohne Gebet. Er ist erschöpft von dem Kampf, geistlich nicht unterzugehen. Der Gedanke, allein vor Gott zu stehen, entmutigt ihn. Deshalb lebt er kraftlos und ohne Gebet.

Und wie steht es mit dem Menschen, der fest an das Werk des Heiligen Geistes glaubt? Nehmen wir an, ein Mensch trinkt aus diesem Brunnen. Oder noch besser, nehmen wir an, Sie trinken aus diesem Brunnen. Nehmen wir an, Sie lassen zu, dass der Heilige Geist Sie mit Gewissheit sättigt. Schließlich können wir nicht genug Gefäße aufbringen, um alles aufzufangen, was Gott großzügig »durch den Heiligen Geist in unser Leben gießt« (frei nach Römer 5,5).

Werden wir dadurch verändert? Hundertprozentig! Unser Rücken wird sich strecken, wenn wir die drückende Last der Selbsterlösung von unseren Schultern nehmen. Unsere Knie werden sich beugen, wenn wir die beglückende Kraft des betenden Heiligen Geistes entdecken. Wir werden zuversichtlicher und tiefgründiger beten. Und vor allem werden wir die stille Gewissheit bekommen, dass es auf uns nicht ankommt. Und wie Hannah können wir den Peinigern der Welt zurufen: »Tut, was ihr zu tun habt. Aber eines müsst ihr wissen: Gott ist auf meiner Seite.«

TEIL 3

SEINER LEITUNG VERTRAUEN

10. AUF GOTT VERTRAUEN WIR (FAST)

AUF GOTT VERTRAUEN WIR (FAST)

Einige Tage vor unserer Hochzeit genossen und ertrugen Denalyn und ich eine Reise auf einem Segelschiff. Milt, ein Freund aus Miami, hatte Denalyn, ihre Mutter, mich und ein paar andere Bekannte zu einer Vergnügungsfahrt entlang der Küste Floridas eingeladen.

Zunächst war die Reise reiner Spaß und Nichtstun. Wir streckten uns auf Kissen aus, hingen die Füße über die Reling, machten Mittagsschläfchen und nahmen Sonnenbäder. Herrlich.

Doch dann kam der Sturm. Der Himmel verdunkelte sich, es begann zu regnen, und die glatte Oberfläche des Meeres bäumte sich auf wie der Nacken eines Drachens. Heftige Wasserwellen hoben den Schiffsbug nach oben, bis wir nichts als Himmel sahen. Dann zogen sie ihn wieder nach unten, bis wir nur noch Wasser erblickten. Mit dem Sonnenbaden und den Mittagsschläfchen war es vorbei. Unsere Augen richteten sich zuerst auf die Gewitterwolken, dann auf den Kapitän. Wir schauten auf Milt.

Er handelte besonnen und entschlossen. Er sagte einigen, wo sie sich hinsetzen sollten, anderen, was sie tun sollten, und uns allen, uns festzuhalten. Wir taten, was er sagte. Warum? Wir wussten, dass er es am besten wusste. Niemand außer Milt kannte den Unterschied zwischen Steuerbord und Achterschiff. Wir vertrauten ihm. Wir wussten, dass er Bescheid wusste.

Und wir wussten, dass wir nichts wussten. Bevor die Windböen aufkamen, hätten wir vielleicht über Pfadfinder gelästert, die Abzeichen für Segeln oder Fahrten auf Fischkuttern bekommen. Doch mit dem Aufkommen des Sturms hielten wir den Mund. (Außer Denalyn, die sich übergeben musste.) Wir hatten keine Wahl als Milt zu vertrauen. Er wusste, was wir nicht wussten – und er nahm sich der Dinge persönlich an. Unser Kapitän war kein Söldner und kein Fremder, sondern ein Freund. Unsere Sicherheit lag ihm am Herzen. Deshalb vertrauten wir ihm.

Wenn nur die Entscheidung im Leben genauso leicht fiele. Muss ich Sie an Ihre Westwinde erinnern? Mit der Geschwindigkeit eines Blitzes und der Gewalt eines Donnerschlags werden ruhige Wasser von Windböen aufgewühlt. Die Opfer plötzlicher Stürme stehen im Arbeitsamt Schlange oder liegen auf der Intensivstation. Sie kennen die Winde. Sie haben die Wellen gespürt. Ade, sanftes Segeln. Jetzt wird die See rau.

Solche Wirbelstürme sind eine Prüfung unseres Vertrauens auf den Kapitän. Weiß Gott, was er tut? Kann er uns da herausholen? Warum hat er den Sturm zugelassen? Die Lage verschlimmert sich, und seine Anweisungen klingen verwirrend: Er ruft uns auf, das Unglück zu erdulden, Kritik zu ertragen, einem Feind zu vergeben ...

Wie reagieren wir?
Können wir von Gott sagen, was ich von Milt sagte?
Ich weiß, dass Gott weiß, was das Beste ist.
Ich weiß, dass ich nichts weiß.
Ich weiß, dass er sich der Sache persönlich annimmt.

Solche Worte fallen leicht, solange das Wetter ruhig ist. Aber vertrauen wir Gott, wenn wir vor unserem Unfallauto stehen oder einen verdächtig aussehenden Leberfleck entdecken, wenn ein Krieg ausbricht oder ein Dieb einbricht?

Wenn Sie diese Fragen mit Ja beantworten können, sind Sie in der Klasse, in der Gottes Souveränität unterrichtet wird, bei den Fortgeschrittenen. Wer sich zu Gottes Souveränität bekennt, erkennt an, dass Gott regiert, dass er die Autorität eines Königs hat und bei allem was geschieht, sein Vetorecht geltend machen kann. Wer Gottes Souveränität annimmt, trinkt aus seinem Brunnen und trifft eine Entscheidung, wie wir sie auf dem Segelschiff im Sturm trafen. Nicht im Hinblick auf Milt und das Meer, sondern im Hinblick auf Gott und das Leben. Dieser Mensch schaut auf den Kapitän und beschließt:

> Er weiß, was das Beste ist.
> Schließlich leitet er ja das ganze Universum.
> Unser Gott ist im Himmel,
> und er tut alles, was er will.
> (Psalm 115,3)

Ich bin, ehe denn ein Tag war, und niemand ist da, der aus meiner Hand erretten kann. Ich wirke; wer will's wenden? (Jesaja 43,13; Luther 84)

Ich habe von Anfang an verkündigt, was hernach kommen soll, und vorzeiten, was noch nicht geschehen ist. Ich sage: Was ich beschlossen habe, geschieht. Und alles, was ich mir vorgenommen habe, das tue ich. (Jesaja 46,10; Luther 84)

Gott hat uns von Anfang an erwählt, wie er es mit seinem Willen beschlossen hatte. (Epheser 1,11)

Der Kosmos wird von den Beschlüssen Gottes geleitet. Jesus informierte Pilatus: »Du hättest keine Macht über mich, wenn sie dir nicht von oben gegeben wäre« (Johannes 19,11). Die führenden Männer des jüdischen Volkes dachten, dass sie es waren, die Jesus ans Kreuz schickten. Petrus berichtigte sie. Jesus wurde »durch Gottes Ratschluss und Vorsehung dahingegeben« (Apostelgeschichte 2,23; Luther 84).

Jeremia stellte die rhetorische Frage: »Wer darf denn sagen, dass solches geschieht ohne des Herrn Befehl?« (Klagelieder 3,37; Luther 84).

Das Buch Daniel gibt als Antwort ein energisches Nein! Gott »macht's wie er will, mit den Mächten im Himmel und mit denen, die auf Erden wohnen. Und niemand kann seiner Hand wehren noch zu ihm sagen: Was machst du?« (Daniel 4,32, Luther 84).

Die ganze Bibel, vom Alten bis zum Neuen Testament, von den Propheten über die Dichter bis hin zu den Propheten verkündet konsequent diese Botschaft: Gott lenkt die Geschichte der Menschheit. Paulus schrieb, dass Gott der gnädige und allein allmächtige Gott ist, der König der Könige und Herr der Herren (1. Timotheus 6,15).

Kein Blatt fällt zu Boden, ohne dass Gott es weiß. Kein Delphin bringt ohne Gottes Erlaubnis ein Junges zur Welt. Keine Welle klatscht ohne seine Berechnung am Ufer auf. Gott ist noch nie überrascht worden. Nicht ein einziges Mal. »Der Sohn ... erhält das Universum durch die Macht seines Wortes« (Hebräer 1,3). »Er selbst gibt allem, was ist, Leben und Atem, und er stillt jedes Bedürfnis, das ein Mensch haben kann« (Apostelgeschichte 17,25). König David rief aus: »Jeder Tag meines Lebens war in deinem Buch geschrieben. Jeder Augenblick stand fest, noch bevor der erste Tag begann« (Psalm 139,16).

Wer die Souveränität Gottes abstreiten will, braucht eine scharfe Schere und erhält schließlich eine durchlöcherte Bibel, denn viele Löcher entstehen, wenn ein Vers nach dem anderen herausgeschnitten wird. Es ist erstaunlich, dass es Menschen gibt, die solche Stellen herausreißen wollen. Da sie das Leiden der Menschen nicht mit Gottes unumschränkter Souveränität in Einklang bringen können, verwässern sie Gottes Wort. Rabbi Kushner tat es.

Sein Buch *When Bad Things Happen to Good People* (deutsche Ausgabe: Harold S. Kushner, Wenn guten Menschen Böses widerfährt) kommt zu einer bedenklichen Schlussfolgerung: Gott kann die Welt nicht führen. Kushner ist der Meinung, dass Hiob, der berühmteste Leidende, »gezwungen war, zwischen einem guten Gott, der nicht unendlich mächtig ist, und einem mächtigen Gott, der nicht unendlich gut ist, zu wählen«[1].

Der Rabbi spricht vielen aus dem Herzen: *Gott ist entweder stark oder gut. Aber Gott ist nicht beides.* Wie sonst kann man sich Geburtsfehler, Sturmwellen, die ganze Küstengebiete verwüsten, AIDS oder den Völkermord an den Tutsis gegen Ende des zwanzigsten Jahrhunderts erklären? Wenn Gott etwas an den Menschen liegt, ist er nicht stark, wenn er stark ist, sind ihm die Menschen gleichgültig. Beides ist nicht möglich.

Doch der Bibel zufolge trifft beides zu. Und der Bibel zufolge liegt das Problem nicht in der Kraft oder der Freundlichkeit Gottes. Das Problem liegt an den Dingen, mit denen die Menschen sich überwiegend befassen. Wir räumen den falschen Dingen Vorrang ein. Wir wollen Gesundheit, ein gutes Einkommen, eine erholsame Nachtruhe und eine gute Rente. Das Wichtigste für uns ist unser *Ich.*

Das Wichtigste für Gott aber ist Gott. Warum gibt es den Himmel? Um Gott mit Beifall zu überschütten. »Der Himmel verkündet die Herrlichkeit Gottes« (Psalm 19,2).

Warum müssen sich Menschen abmühen? Um auf Gottes Kraft hinzuweisen. »Siehe, ich habe dich geläutert, aber nicht wie Silber, sondern ich habe dich geprüft im Glutofen des Elends. Um meinetwillen, ja um meinetwillen will ich's tun« (Jesaja 48,10-11; Luther 84). Der Prophet verkündete: »So hast du dein Volk geführt, dass du dir einen herrlichen Namen machtest« (Jesaja 63,14; Luther 84).

Gott lässt seine eigene Flagge wehen. Er lässt seine eigenen Muskeln spielen. Der Himmel fragt nicht: »Wie kann ich Max glücklich machen?« Der Himmel fragt: »Wie kann ich Max gebrauchen, um meine Vorzüge sichtbar werden zu lassen?« Dazu kann er Wohltaten benutzen. Dann wieder kann er Schläge gebrauchen. Beide gehören ihm.

Ich bin der Herr, und sonst keiner mehr, der ich das Licht mache und schaffe die Finsternis, der ich Frieden gebe und schaffe Unheil. Ich bin der Herr, der dies alles tut. (Jesaja 45,7; Luther 84).

Am guten Tag sei guter Dinge, und am bösen Tag bedenke: Diesen hat Gott geschaffen wie jenen.
(Prediger 7,14).

Wer darf denn sagen, dass solches geschieht ohne des Herrn Befehl und dass nicht Böses und Gutes kommt aus dem Munde des Allerhöchsten?
(Klagelieder 3,38; Luther 84)

Vor einiger Zeit fuhr ich zum Flughafen von Indianapolis, um den Rückflug nach San Antonio anzutreten. Als ich am Terminal ankam, bemerkte ich, dass ich meinen Reiseplan verloren hatte. Aber das war nicht schlimm, weil ich wusste, mit welcher Fluggesellschaft ich nach Hause fliege: Continental. Da ich von San Antonio mit Continental abgeflogen bin, würde ich auch mit Continental zurückfliegen. Doch der Schalter von Continental war geschlossen. Die Lichter waren aus. Niemand stand hinter dem Ticket-Schalter. 19.40 Uhr, meine Abflugzeit, rückte näher. Ich rief um Hilfe. »Hallo? Ist irgendjemand da? Ich will den Flug um 19.40 Uhr nehmen.«

Aus den finsteren Gängen tauchte ein Gepäckträger von Continental auf. Er schaute mich an und erklärte: »Wir haben keinen Flug um 19.40 Uhr.«

»Doch«, antwortete ich. »Ich bin mit Continental hierher geflogen und jetzt will ich nach Hause fliegen.« Er zuckte mit den Schultern. »Heute Abend haben wir keinen Flug mehr.«

Ich wandte mich an den Ticket-Automaten, gab meine Angaben ein und verlangte eine Bordkarte für den Flug um 19.40 Uhr.

Ich erhielt die Antwort, dass es diesen Flug nicht gibt. Ist das möglich? Sogar der Automat irrte sich!

Der Angestellte – ich rechne es ihm hoch an – hatte Mitleid mit mir. Er kratzte sich hinter dem Ohr und bot eine Lösung an. »Wissen Sie, Northwest Airlines hat einen Flug um 19.40 Uhr. Vielleicht sollten Sie da mal nachschauen.«

Und so war es. Ich musste zugeben, dass der Flugplan der Fluggesellschaft von größerer Bedeutung war als meine Meinung. Ihre Macht setzte meine Macht schachmatt. Ich hätte die ganze Nacht vor dem Schalter von Continental stehen, mit den Füßen stampfen und mich durchfragen können. Was hätte es mir genützt? Schließlich musste ich mich der Tatsache des Reiseplans beugen.

Wie oft im Leben stehen wir vor Gottes Schalter und denken, dass wir den Reiseplan kennen: Gesundheit, eine Beförderung, eine Schwangerschaft. Oft überprüft Gott den Reiseplan, den er geschaffen hat und bestätigt ihn. Doch es gibt Zeiten, in denen er sagt: »Nein. Das ist nicht die Reise, die ich für dich geplant habe. Ich schicke dich durch die Stadt der Mühsal.«

Wir können mit den Füßen stampfen und mit den Fäusten drohen. Oder wir können eine Entscheidung treffen, wie wir sie auf dem Segelschiff im Sturm trafen. *Ich weiß, dass Gott weiß, was das Beste ist.*

Manche können das nicht annehmen. So erging es einer Frau. Nachdem ich bei einer öffentlichen Veranstaltung über diese Gedanken gesprochen hatte, bat sie um ein persönliches Gespräch. Mit ihrem Mann an ihrer Seite erzählte sie die Geschichte ihrer entsetzlichen Kindheit. Sie wurde von ihrem Vater zuerst missbraucht, dann verlassen. Unvorstellbare, unverdiente Verletzungen machten ihre frühesten Erinnerungen qualvoll. Mit Tränen in den Augen fragte sie: »Wollen Sie mir sagen, dass Gott die ganze Zeit zugeschaut hat?«

Die Frage zitterte im Raum nach. Ich rutschte auf meinem Stuhl herum und antwortete: »Ja. Ich weiß nicht, warum er zugelassen hat, dass Sie missbraucht wurden, aber ich weiß eines. Er liebt Sie und leidet mit Ihnen.« Diese Antwort gefiel ihr nicht. Doch wagen wir es, etwas anderes zu sagen? Wagen wir anzudeuten, dass Gott eingedöst ist, dass er seinen Posten verlassen hat, dass der Himmel zwar alles sieht, aber nicht handeln kann? Dass unser Vater gütig, aber nicht stark oder stark, aber nicht gütig ist?

Ich wünschte, ich hätte mit Josef sprechen können. Seine Brüder haben ihn misshandelt und in die Sklaverei verkauft. Hat Gott das gesehen? Ja. Und unser allmächtiger Gott gebrauchte die eigensinnigen Herzen der Brüder, um ein Volk vor dem Hungertod und die Familie des Messias vor der Ausrottung zu bewahren. Josef hatte Recht, als er seinen Brüdern sagte: »Ihr gedachtet es böse mit mir zu machen, aber Gott gedachte es gut zu machen« (1. Mose 50,20; Luther 84).

Ich wünschte, ich hätte mit Lazarus sprechen können. Er wurde todkrank. Als Jesus davon hörte, tat er nichts. Jesus wartete, bis Lazarus vier Tage tot im Grab lag. Warum? Die Krankheit »dient ... der Verherrlichung Gottes. Der Sohn Gottes wird durch sie verherrlicht werden« (Johannes 11,4).

Am besten wäre jedoch ein Gespräch mit Jesus selbst gewesen. Er bat Gott um einen anderen Reiseplan: einen Tod ohne Kreuz. Im Garten Gethsemane flehte Christus um einen Plan B, eine Erlösung ohne Nägel. »›Vater, wenn du willst, dann lass diesen Kelch des Leides an mir vorübergehen. Doch ich will deinen Willen tun, nicht meinen.‹ Da erschien ein Engel vom Himmel und stärkte ihn« (Lukas 22,42-43).

Hörte Gott das Gebet seines Sohnes? Er hörte es deutlich genug, um einen Engel zu schicken. Ersparte Gott seinem Sohn den Tod? Nein. Die Ehre Gottes war wichtiger als das Wohlbefinden von Christus. Also litt Christus, und Gottes Gnade wurde offenbart.

Wird Ihnen eine Gethsemane-Zeit zugemutet? Trifft auf Sie zu, was Paulus den Philippern schrieb: »Ihr habt nicht nur das Vorrecht, an Christus zu glauben, ihr dürft auch für ihn leiden« (Philipper 1,29)?

Wenn ja, dann kommen Sie zur Quelle und trinken kräftig von seiner Macht. Er verfasst alle Reisepläne. Er weiß, was das Beste ist. Kein Kampf wird Ihnen zugemutet, den er nicht erlaubt hat, der nicht seinem Ziel entspricht und bei dem er nicht ganz nahe bei Ihnen ist. Wie ermutigend das ist! Wir sind nie das Opfer der Natur oder des Schicksals. Der Zufall ist beseitigt. Wir sind mehr als eine Wetterfahne, die von den Stürmen des Schicksals hin und her gerissen wird. Würde Gott uns tatsächlich den Launen drogensüchtiger Diebe, organisierter Verbrecherbanden oder böser Vorgesetzter überlassen? Merzen Sie diesen Gedanken aus.

> Wenn du durch Wasser gehst, will ich bei dir sein, dass dich die Ströme nicht ersäufen sollen; und wenn du ins Feuer gehst, sollst du nicht brennen, und die Flamme soll dich nicht versengen. Denn ich bin der Herr, dein Gott. (Jesaja 43,2-3; Luther 84)

Wir leben unter der schützenden Hand eines allmächtigen Königs, der jeden Umstand unseres Lebens überwacht und uns mit Freuden Gutes tut.

Nichts begegnet uns, das nicht zuerst durch den Filter seiner Liebe gegangen ist. Margaret Clarkson schrieb in ihrem Buch mit dem wundervollen Titel *Grace Grows Best in Winter*:

> Die Souveränität Gottes ist der eine unbezwingbare Fels, an den sich das leidende menschliche Herz klammern muss. Unsere Lebensumstände werden nicht vom Zufall bestimmt: Sie sind vielleicht das Werk des Bösen, doch dieses Böse wird fest von der mächtigen Hand unseres erhabenen Gottes gehalten. ... Alles Böse ist ihm unterworfen, und das Böse kann Gottes Kinder nicht anrühren, wenn er es nicht erlaubt. Gott ist der Herr der Menschheitsgeschichte

und der persönlichen Geschichte eines jeden Mitglieds seiner erlösten Familie.²

Lernen Sie das Lied von Gottes Souveränität auswendig: *Ich weiß, dass Gott weiß, was das Beste ist.* Beten Sie demütig das Gebet des Vertrauens: »Ich vertraue deiner Herrschaft. Ich gehöre zu dir. Nichts geschieht mir, das nicht an dir vorbeigegangen ist.«

Noch ein Wort der Warnung: Die Lehre von der Souveränität Gottes ist eine Herausforderung. Lernen Sie diese Lehre schrittweise. Und sprechen Sie nicht unüberlegt darüber. Wenn jemand, der Ihnen nahe steht, sich in einer Situation voller Leid befindet, dann erklären Sie nicht ungerührt: »Gott ist Herr der Lage.« Ein unbedachter Ton kann die Wahrheit trüben. Seien Sie vorsichtig.

Verlieren Sie den Mut nicht. Gottes Wege sind immer richtig. Uns muten sie möglicherweise sinnlos an. Uns mögen sie rätselhaft, unerklärlich, schwierig und sogar schmerzlich vorkommen. Doch sie sind richtig. »Und wir wissen, dass für die, die Gott lieben und nach seinem Willen zu ihm gehören, alles zum Guten führt« (Römer 8,28).

Es stimmt, was John Oxenham im Jahr 1913 schrieb:

Gottes Handschrift
Er schreibt mit Buchstaben, die so groß sind,
dass wir sie mit unserer Kurzsichtigkeit nicht erfassen;
wir erkennen nur zusammenhanglose Striche und
versuchen, all das Rätselhafte zu ergründen:
Das Warum vergeblicher Hoffnung,
des Todes, des Lebens,
den endlosen Kampf, die zwecklose Mühsal –
doch dort, mit einem größeren,
klareren Sehvermögen,
werden wir erkennen, dass sein Weg richtig war.³

11.  SORGEN? UNNÖTIG!

SORGEN? UNNÖTIG!

Die Idee fesselte die Fantasie von Futurologen: eine achtstöckige Kuppel aus Glas und Stahl, in der acht Wissenschaftler ein Leben ohne Hilfe von außen führen können. Mit den äußeren Umständen der Sonora-Wüste würden sie nicht in Berührung kommen. Die Sonne kann glühen, die Sturmwinde können heulen, der Sand kann durch die Luft wirbeln. In der Kuppel bleiben die Forscher sicher und unversehrt.

In der Hoffnung, einen Prototyp für eine Siedlung im Weltraum zu entwickeln, betraten die Biosphärianer im Jahr 1991 das zweihundert Millionen teure, über einen Hektar große Terrarium.[1] Sie brachten ihr Saatgut aus und bauten ihre Nahrungsmittel an. Wissenschaftler beobachteten alles fasziniert, und einige von uns verspürten einen Anflug von Neid.

Wer von uns hat sich noch nie nach einer schützenden Kuppel gesehnt? Nicht nach Schutz vor einer Wüste in Arizona, sondern nach Schutz vor den rauen Winden und der sengenden Sonne des Lebens. Die Bank fordert jeden Monat die Rate für die Tilgung des Kredits. Rechnungen rauben Ihnen den Schlaf. Die Semesterprüfungen rücken immer näher.

Schauen Sie sich um. Sie haben Grund zur Sorge. Die Sonne wirft krebserregende Strahlen auf uns. Klimaanlagen blasen lungenschädigende Schimmelpilze in die Luft. Kartoffelchips sind zu kalorienreich, Gemüse enthält zu viele Giftstoffe.

Manche von uns haben Doktortitel von der Universität der Angst. Wenn wir uns ins Bett legen, haben wir Angst, nicht mehr aufzuwachen, wir wachen auf und sind beunruhigt, weil wir nicht schlafen können. Wir haben Angst, dass jemand entdecken könnte, dass grüner Salat doch dick macht. Die Mutter eines Mädchens im Teenageralter klagte: »Meine Tochter erzählt mir nichts. Ich bin mit den Nerven fertig.« Eine andere Mutter antwortete: »Meine Tochter erzählt mir alles. Ich bin mit den Nerven fertig.« Würden Sie nicht gern mit dem Sorgen aufhören? Würden Sie sich nicht einen zuverlässigen Schutz vor den rauen Begleiterscheinungen des Lebens wünschen?

Genau das bietet Gott an: die Möglichkeit eines sorgenfreien Lebens. Nicht nur weniger Sorgen, sondern überhaupt keine Sorgen. Er hat eine Kuppel für unser Herz geschaffen. »Sein Friede wird eure Herzen und Gedanken im Glauben an Jesus Christus bewahren« (Philipper 4,7).

Ist Ihr Interesse geweckt? Dann betrachten Sie diese Bibelstelle etwas genauer.

> Sorgt euch um nichts, sondern betet um alles. Sagt Gott, was ihr braucht, und dankt ihm. Ihr werdet Gottes Frieden erfahren, der größer ist, als unser menschlicher Verstand es je begreifen kann. Sein Friede wird eure Herzen und Gedanken im Glauben an Jesus Christus bewahren. (V. 6-7)

Die Christen in Philippi brauchten eine Biosphäre. Sie wurden von allen Seiten angegriffen. Prediger verkündigten Gottes Wort aus selbstsüchtigen Motiven (1,15-17). Streitsüchtige Gemeindemitglieder bedrohten die Einheit der Kirche (4,2). Falsche Lehrer predigten ein Evangelium ohne das Kreuz (3,2-3+18-19). Einige Gläubige hatten Schwierigkeiten, genug zu essen und ein Dach über dem Kopf zu finden (4,19). Außerhalb der Gemeinde gab es Verfolgungen, innerhalb Probleme.

Es gibt so viele Hornissennester, dass man Grund zur Sorge hat. Die Menschen in Philippi hatten sie. Die Menschen heute ebenfalls. Ihnen und uns macht Gott das verblüffende Angebot: »Sorgt euch um nichts.«

In Ordnung. Und dann springe ich auch noch über den Mond.

Das ist wohl nicht dein Ernst?

Doch, Jesus meint es ernst. Zwei Worte beschreiben, was er von Sorgen hält: *unnütz* und *unehrerbietig*.

»Können all eure Sorgen euer Leben auch nur um einen einzigen Augenblick verlängern? Nein« (Matthäus 6,27). Sorgen sind unnütz. Sie ändern nichts. Wann haben Sie das letzte Mal ein Problem dadurch gelöst, dass Sie sich Sorgen darüber gemacht haben? Stellen Sie sich vor, jemand sagt: »Ich bin mit meinen Zahlungen in Rückstand geraten, also beschloss ich, mich aus den Schulden herauszusorgen. Und stell dir vor, es hat geklappt! Ein paar schlaflose Nächte, ein Tag Magenschmerzen und Händeringen. Ich schrie meine Kinder an und schluckte ein paar Tabletten, und – dank der Sorgen – erschien das Geld auf meinem Tisch.«

So etwas geschieht nicht! Sorgen ändern nichts. Durch Sorgen verlängert man sein Leben um keinen einzigen Tag und macht seine Tage kein bisschen fröhlicher. Angst und Sorgen führen nur zu Sodbrennen. Betrachten wir die Dinge, über die wir uns zermürben:

- 40 Prozent treten nie ein.
- 30 Prozent betreffen unveränderliche Tatsachen aus der Vergangenheit.
- 12 Prozent betreffen die Meinungen anderer, auf die wir keinen Einfluss haben.
- 10 Prozent drehen sich um die eigene Gesundheit, die sich durch Sorgen nur verschlechtern kann.
- 8 Prozent betreffen wirkliche Probleme, die wir beeinflussen können.[2]

92 Prozent unserer Sorgen sind unnötig! Sorgen sind unnütz, sie bewirken nichts. Und sie sind auch unehrerbietig, denn sie sind Zeichen von Misstrauen gegenüber Gott.

Und warum sorgt ihr euch um eure Kleider? Schaut die Lilien an und wie sie wachsen. Sie arbeiten nicht und nähen sich keine Kleider. Trotzdem war selbst König Salomo in seiner ganzen Pracht nicht so herrlich gekleidet wie sie. Wenn sich Gott so wunderbar um die Blumen kümmert, die heute aufblühen und schon morgen wieder verwelkt sind, wie viel mehr kümmert er sich dann um euch? *Euer Glaube ist so klein!* (Matthäus 6,28-30; Kursivschrift vom Autor)

Sorgen sind Zeichen eines schwachen Glaubens, einer »unbewussten Gotteslästerung.«[3] Wir zweifeln nicht absichtlich an Gott, doch zweifeln wir nicht eigentlich an Gott, wenn wir uns Sorgen machen? Wir eignen uns die Einstellung eines Kindes an, das Michelangelo fragt: »Weißt du auch sicher, was du mit diesem Felsbrocken machst?« Kein Wunder, dass der Apostel uns eindringlich auffordert: »Sorgt euch um nichts« (Philipper 4,6). Paulus befürwortet hier kein verantwortungsloses, leichtfertiges Leben. Wir sollen nicht wie der nachlässige Pfarrer werden, der sich sagte: *Ich mache mir keine Sorgen. Der Heilige Geist wird mir eingeben, was ich sagen soll.* Am Sonntag stand er schließlich vor der Kirche und betete laut: »Also, Herr. Gib mir ein, welche Botschaft ich verkündigen soll.« Sehr zum Erstaunen der Kirchgänger erfüllte eine himmlische Stimme das Gotteshaus: »Sag den Leuten, dass du dich nicht vorbereitet hast.«

Natürlich sollen wir an unseren Problemen arbeiten. Aber zulassen, dass die Probleme an uns arbeiten? Genau das tut das Herz, das sich Sorgen macht.

Und dieses Herz zahlt dafür einen hohen Preis. *Sorgen* stammt von dem griechischen Wort ab, das bedeutet: »das Denken teilen«. Die Angst spaltet uns in zwei Hälften und führt zu einem doppeldeutigen Denken. Sorgen nimmt die Schwierigkeiten von morgen nicht weg, sondern zehrt die Kraft von heute auf. Die

Wahrnehmung wird gespalten, die Sicht verzerrt. Unsere Kraft wird geteilt, unsere Leistungsfähigkeit ungenutzt gelassen. Wer kann es sich leisten, Energie zu verschwenden?

Doch wie können wir mit dem Sorgen aufhören? Die Antwort von Paulus enthält zwei Teile: Gottes Teil und unseren Teil. Zu unserem Teil gehören Gebet und Dankbarkeit. »Sorgt euch um nichts, sondern *betet* um alles. Sagt Gott, was ihr braucht, und *dankt* ihm« (Philipper 4,6; Kursivschrift vom Autor).

Wollen Sie sich weniger Sorgen machen? Dann beten Sie mehr. Schauen Sie im Glauben nach oben anstatt ängstlich nach vorn. Diese Aufforderung kommt nicht überraschend. Wenn es ums Gebet geht, nimmt die Bibel kein Blatt vor den Mund. Jesus lehrte, dass es wichtig ist, »beständig zu beten und nicht aufzugeben« (Lukas 18,1). Paulus schrieb den Gläubigen: »Hört nicht auf zu beten und Gott zu danken« (Kolosser 4,2). Jakobus erklärte: »Leidet jemand von euch? Dann soll er beten« (Jakobus 5,13).

Beten Sie über alles, anstatt sich über alles Sorgen zu machen. Über alles? Über das Wechseln von Windeln, über Verabredungen, über geschäftliche Sitzungen und lecke Badewannen? Über Verzögerungen und Voraussagen? Beten Sie über alles. »Betet um alles. ... Sagt Gott, was ihr braucht« (Philipper 4,6).

Als wir in Rio de Janeiro in Brasilien wohnten, fuhr ich mit meinen Töchtern öfter mit dem Bus. Für wenig Geld konnten wir mit dem Bus durch die ganze Stadt fahren. Für uns mag das langweilig klingen, aber wenn man zwei Jahre alt ist, ist ein solcher Tag so spannend wie für uns die Fußballweltmeisterschaft. Die Mädchen taten überhaupt nichts während der Fahrt. Ich kaufte die Fahrkarte, trug den Rucksack und wählte die Strecke aus. Meine einzige Bitte an sie war: »Bleibt nahe bei mir.« Warum? Ich wusste, welche Gestalten in einen Bus einsteigen können und wollte unter allen Umständen verhindern, dass meine Töchter und ich getrennt werden.

Unser Vater bittet uns um das Gleiche. »Bleibt nahe bei mir. Sprecht mit mir. Betet zu mir. Nehmt mich in euch auf und lasst eure Sorgen fallen.« Wenn wir nach oben schauen, lassen die Sorgen nach. Gott weiß, was auf dieser Reise geschehen kann, und er will uns nach Hause bringen.

Beten Sie über alles.

Vergessen Sie dabei nicht, Gott zu danken. »Sagt Gott, was ihr braucht, und dankt ihm« (Philipper 4,6).

Handeln Sie so wie der Hirtenjunge David, als er vor Goliath stand. David verkroch sich nicht ängstlich vor der Kraft des Riesen. Er richtete sein Augenmerk auf Gottes Sieg. Als Saul sich weigerte, ihn in den Zweikampf mit Goliath ziehen zu lassen, erzählte er von Gottes Hilfe in der Vergangenheit.

> David aber sprach zu Saul: Dein Knecht hütete die Schafe seines Vaters; und kam dann ein Löwe oder ein Bär und trug ein Schaf weg von der Herde, so lief ich ihm nach und errettete es aus seinem Maul. Wenn er aber auf mich losging, ergriff ich ihn bei seinem Bart und schlug ihn tot. So hat dein Knecht den Löwen und den Bären erschlagen, und diesem unbeschnittenen Philister soll es ergehen wie einem von ihnen; denn er hat das Heer des lebendigen Gottes verhöhnt. Und David sprach: Der Herr, der mich von dem Löwen und Bären errettet hat, der wird mich auch erretten von diesem Philister.
> Und Saul sprach zu David: Geh hin, der Herr sei mit dir! (1. Samuel 17,34-37; Luther 84)

Fürchten Sie sich vor einem Riesen? Dann erinnern Sie sich an den Löwen und den Bären. Schauen Sie nicht ängstlich nach vorn, schauen Sie in dankbarer Anerkennung zurück. Gottes Beweis liegt in Gottes Vergangenheit. Vergesslichkeit ruft

Ängstlichkeit hervor, aber ein gutes Gedächtnis macht zuversichtlich.

In der Praxis sieht das folgendermaßen aus. Nehmen wir an, etwas Unerfreuliches taucht in Ihrem Leben auf. Der Arzt teilt Ihnen mit, dass Sie sich operieren lassen müssen. Er hat einen Knoten entdeckt und meint, das Beste wäre, ihn entfernen zu lassen. Mit dieser Information verlassen Sie das Sprechzimmer. Man hat Ihnen diesen Kelch der Angst gereicht. Was werden Sie damit tun? Sie haben zwei Töpfe und müssen sich entscheiden, in welchen Sie diesen Kelch gießen.

Sie können die schlechte Nachricht in das Fass der Sorgen schütten und den Rührlöffel holen. Machen Sie das Feuer an und erhitzen Sie alles. Rühren Sie gut um. Blasen Sie eine Zeit lang Trübsal. Grübeln Sie eine Weile. Es wird nicht lange dauern, bis Sie einen herrlichen Topf Pessimismus erhalten. Einige von uns nippen schon seit langer Zeit an diesem Fass. Ihre Freunde und Angehörigen haben mich gebeten, Ihnen zu sagen, dass das Zeug, das Sie trinken, seine Wirkung entfaltet.

Wie wäre es mit einer anderen Lösung? Denken Sie an den Topf des Gebets. Geben Sie das Problem an Gott ab, noch bevor Sie die Tür zum Sprechzimmer des Arztes schließen. »Ich nehme deine Leitung an, Herr. Mir geschieht nichts, das nicht an dir vorbeigegangen ist.« Rühren Sie eine gesunde Portion Dankbarkeit dazu. Sie erinnern sich jetzt nicht an Löwen oder Bären, sondern an eine Steuerrückerstattung, an einen guten Rat zur rechten Zeit und an den plötzlich frei werdenden Platz in einem überbuchten Flugzeug. Ein kurzer Blick in die Vergangenheit bewirkt Kraft für die Zukunft.

Ihr Teil besteht in Gebet und Dankbarkeit.

Und Gottes Teil? Friede und Schutz. »Ihr werdet Gottes Frieden erfahren, der größer ist, als unser menschlicher Verstand es je begreifen kann. Sein Friede wird eure Herzen und Gedanken im Glauben an Jesus Christus bewahren« (Philipper 4,7).

Glaubendes Gebet führt uns zum Frieden Gottes. Keinen zufälligen, verschwommenen, irdischen Frieden, sondern Gottes Frieden, Frieden vom Himmel. Gott bietet Ihnen dieselbe Ruhe an, die in dem Raum herrscht, in dem sein Thron steht.

Glauben Sie, dass Gott mit Angst zu kämpfen hat? Meinen Sie, dass er manchmal die Hände ringt oder die Engel um ein Mittel gegen Magensäure bittet? Natürlich nicht. Ein Problem ist für Gott keine größere Herausforderung als ein Zweig für einen Elefanten. Gott hat vollkommenen Frieden, weil Gott vollkommene Macht hat.

Und er bietet Ihnen diesen Frieden an, einen Frieden, der »eure Herzen und Gedanken im Glauben an Jesus Christus bewahren« wird. Das griechische Wort, das hier mit *bewahren* übersetzt wird, stammt eigentlich aus der Militärsprache und bedeutet *bewachen*. Die Philipper wohnten in einer Garnisonsstadt und waren daran gewohnt, dass die römischen Wachposten patrouillierten. Bevor ein Feind in die Stadt gelangen konnte, musste er an der Wache vorbei. Gott macht uns das gleiche Angebot. Sein übernatürlicher Friede breitet sich wie eine schützende Kuppel über Ihnen aus und bewahrt Sie.

Nach vierundzwanzig Monaten stellte sich heraus, dass die Biosphäre in Arizona ein völliger Misserfolg war. Das biologische Gleichgewicht zwischen den Pflanzen geriet durcheinander. Der Sauerstoffgehalt wurde gefährlich niedrig. Die Forscher zerstritten sich. Die Ameisen liefen Amok und überwältigten die meisten anderen Insekten. Das Experiment schlug fehl und die Kuppel wurde aufgegeben.

Doch Gottes Kuppel steht immer noch. Wir müssen nur unter ihr bleiben. Stecken Sie bis an den Hals in Problemen? »Alle eure Sorge werft auf ihn; denn er sorgt für euch« (1. Petrus 5,7; Luther 84). Hier wird ein ausdrucksstarkes Wort gebraucht: *Werfen*, nicht *stellen*, *legen* oder vielleicht auch *übergeben*. Petrus benutzte hier dasselbe Wort, mit dem in den Evangelien beschrieben wird, wie Jesus die Dämonen behandelte. Er warf sie hinaus. Gebieterisch packt die eine Hand den Kragen, die andere den Gürtel. »Lass dich hier nicht mehr blicken!« Tun Sie das Gleiche mit Ihren Ängsten. Gehen Sie entschlossen mit ihnen um. Werfen Sie sie sofort auf Gott.

Sorge ist freiwillig, keine Pflicht. Gott kann uns in eine sorgenfreie Welt führen. Beten wir immer sofort für alles. Richten wir unser Augenmerk weniger auf die Probleme, die vor uns liegen, sondern auf die Siege, die hinter uns liegen. Tun Sie Ihren Teil, Gott wird seinen Teil tun. Sein Friede wird unsere Herzen bewahren, ... ein Friede, der größer ist, als unser menschlicher Verstand es je begreifen kann.

12. ENGEL WACHEN ÜBER UNS

ENGEL WACHEN ÜBER UNS

Als der siebzehnjährige Jake Porter auf den Fußballplatz rannte, feuerten ihn beide Mannschaften an. Man fragt sich, warum. Während der drei Jahre, in der er Mitglied des Fußballclubs war, hat er kaum ein Fußballer-T-Shirt schmutzig gemacht. Die Fans aus McDermott, Ohio, haben nie gesehen, dass Jake den Ball führte oder angriff. Sie hatten auch noch nie gesehen, dass er ein Buch las oder viel mehr als einen einzigen Satz schrieb. Kinder mit dem Down-Syndrom tun so etwas selten.

Doch Jake trieb begeistert Sport. Jeden Nachmittag nach der Sonderschule trainierte er: Leichtathletik, Baseball, Basketball. Nie fehlte er. Er machte aber nie bei einem Wettkampf mit.

Bis zum Spiel in Waverly.

Jakes Trainer hatte die Entscheidung vor dem Anstoß getroffen. Wenn der Spielstand so war, dass es auf die letzten Sekunden nicht mehr ankam, würde Jake hereingenommen. Und so war es. Fünf Minuten vor Schluss war seine Mannschaft mit 42:0 im Rückstand. Der Trainer bat um eine Spielpause.

Er wollte mit dem Trainer der anderen Mannschaft sprechen. Als dieser den Plan hörte, begann er den Kopf zu schütteln und winkte ab. Er war mit etwas nicht einverstanden. Ein Schiedsrichter griff ein, und das Spiel wurde wieder aufgenommen.

Der Ball ging an Jake. Jake wusste, was er zu tun hatte. Sie hatten es die ganze Woche lang geübt. Doch zu seiner Überraschung wurde er von den anderen Spielern an seinem Vorhaben gehindert. Seine Teamkollegen riefen ihm zu, er solle rennen, was das Zeug hält. Er tat es, aber in die falsche Richtung. Ein Linienrichter hielt ihn auf und drehte ihn um.

Jetzt tat die Verteidigung von Waverly ihren Teil. Der Trainer der eingeladenen Mannschaft legte anscheinend keinen Widerspruch gegen das Spiel ein. Er freute sich, dass Porter den Ball führte, aber er wollte, dass Jake auch ein Tor schoss. Die Spieler von Waverly teilten sich wie das Rote Meer für Mose und feuerten Jake an. Jake rannte, so schnell er konnte. Er lachte und tanzte und sprang bis zum Torraum.

Die Zuschauer auf beiden Seiten jubelten. Mütter schrien, die Anführer der Clique kreischten, und Jake lächelte, als hätte er im Lotto gewonnen, ohne ein Los gekauft zu haben.[1]

Wie oft geschieht so etwas? Der Bibel nach öfter, als man denkt. Was Jakes Team für ihn getan hat, tut der Herr des Universums jeden Tag unseres Lebens für uns. Und man müsste das Team sehen, das er trainiert.

> Die Engel sind immer noch an ihrem Ort –
> sie wälzen einen Stein, schlagen mit dem Flügel!
> Nur eure abgewandten Gesichter
> sehen die Herrlichkeit nicht.[2]

Übersehen wir die Engel? Diese himmlischen Dienstboten werden in über dreihundert Bibelstellen erwähnt und spielen deshalb eine unbestrittene Rolle in der Bibel. Wenn Sie an Gottes Wort glauben, müssen Sie an Engel glauben. Gleichzeitig müssen Sie auch von ihnen in Erstaunen versetzt werden. Die Beschäftigung mit Engeln ist ähnlich dem Beobachten von Walen. Engel tauchen gerade lange genug auf, dass man einen Blick von ihnen erhascht und sich Fragen stellt, doch dann verschwinden sie, bevor wir sie mit unseren Blicken vollständig erfassen können.

Eines steht fest: Die Beschreibung der Engel in der Bibel stimmt nicht mit den Darstellungen überein, die wir oft sehen. Auf manchen Bildchen werden Engel wie Feen mit durchsichtigen Flügeln dargestellt. Sie sind da, um uns behilflich zu sein – himmlische Spielarten von Geistern in Flaschen, die uns helfen, einen Parkplatz, verlorene Schlüssel und entlaufene Katzen zu finden. Wir schnalzen mit den Fingern und »siehe da«, sie erscheinen. Wir schnalzen wieder, und weg sind sie.

Das ist nicht ganz das Bild, das die Bibel zeigt. Zwei Eigenschaftswörter umfassen die größere Wahrheit über Engel: *viele* und *mächtig*.

Große Mengen von Engeln bevölkern die Welt. Hebräer 12,22 spricht von Tausenden von Engeln, die sich zu einem Fest versammelt haben. Judas erklärt: »Der Herr ist gekommen mit Tausenden seiner Heiligen. Er wird über die Menschen der Welt Gericht halten« (V. 14-15). König David schrieb: »Inmitten von Tausenden von Streitwagen kam der Herr vom Sinai in sein Heiligtum herab« (Psalm 68,18). Als David vom Berg Sinai sprach, dachte er an die Zeit, in der Zehntausende von Engeln auf den Berg Sinai heruntekamen, als Mose das Gesetz von Gott in Empfang nahm.

Tausende von Engeln warteten auf den Befehl von Christus am Tag der Kreuzigung. »Meinst du, ich könnte meinen Vater nicht bitten, dass er mir sogleich mehr als zwölf Legionen Engel schickte?« (Matthäus 26,53; Luther 84). Eine Legion umfasste sechstausend Soldaten. Die Rechnung ergibt also, dass zweiundsiebzigtausend Himmelsbewohner (genug, um das Angel-Stadion von Los Angeles mehr als eineinhalbmal zu füllen) bereit standen, um ihren Herrn zu retten. Das Buch der Offenbarung, das zahlreiche Blicke in die künftige Welt gewährt, beschreibt die Engel, die um den Thron Gottes stehen: »Dann sah ich wieder Tausende und Abertausende von Engeln um den Thron« (Offenbarung 5,11).

Vergessen wir nicht den Anblick, der sich Elisas Diener bot. Als ein Heer das Leben beider bedrohte, bat Elisa Gott, dem Jungen die Augen zu öffnen. »Da öffnete der Herr dem Diener die Augen, und er sah, und siehe, da war der Berg voll feuriger Rosse und Wagen um Elisa her« (2. Könige 6,17; Luther 84).

Was würden wir sehen, wenn Gott uns die Augen öffnete? Mütter und Väter, ihr würdet Engel sehen, die euer Kind zur Schule begleiten. Reisende, ihr würdet Engel sehen, die das Flugzeug umkreisen. Patienten, ihr würdet Engel sehen, die die Bewegungen des Chirurgen überwachen. Teenager, ihr würdet Engel sehen, die über eurem Schlaf wachen. Viele, viele Engel. Vor Hunderten von Jahren schrieb John Milton: »Millionen unsichtbarer geistlicher Wesen verweilen auf der Erde, wenn wir wachen und wenn wir schlafen.«[3]

Wenn wir ein Eigenschaftswort brauchen, um Engel zu beschreiben, dann beginnen wir mit *viele*.

Machen wir weiter mit *mächtig*. Flügel aus Seide und die Süße von Schaumgebäck? Vielleicht trifft das auf Engel in Geschenkbüchern und Andenkenläden zu, doch Gottes Engel zeichnen sich durch unbeschreibliche Kraft aus. Paulus schreibt, dass Christus »mit seinen mächtigen Engeln kommen« wird (2. Thessalonicher 1,7). Von dem Wort, das mit *mächtig* übersetzt wurde, wird unser Wort *dynamisch* abgeleitet. Engel besitzen dynamische Kraft. Nur ein einziger Engel war erforderlich, um die Erstgeborenen in Ägypten umzubringen, und nur *ein* Engel hielt den Löwen das Maul zu, um Daniel zu schützen. David nannte die Engel »ihr mächtigen Wesen, die ihr seine Befehle ausführt und auf seine Worte hört« (Psalm 103,20).

Wir brauchen nicht zu Engeln sprechen, denn sie hören nicht auf uns. Die Ohren der Engel sind nur auf Gottes Stimme ausgerichtet. Sie sind Diener Gottes (Hebräer 1,14), die seine Befehle ausführen und nur seine Anweisungen befolgen. Jesus sagte, dass die Engel seinem Vater im Himmel besonders nahe sind (Matthäus 18,10). Nur *ein* Ton ist für Engel von Bedeutung – Gottes Stimme. Nur *ein* Anblick fesselt Engel – Gottes Gesicht. Sie wissen, dass er der Herr über alles ist.

Und deshalb beten sie ihn an. Die Engel beten Gott an, gleichgültig, ob sie mit Jesaja im Tempel oder bei den Hirten von Bethlehem auf der Weide sind.«Als Gott der Welt seinen erstgeborenen Sohn zeigte, sprach er: ›Alle Engel Gottes sollen ihn anbeten‹« (Hebräer 1,6). Sie haben es getan und tun es immer noch.

Erinnern Sie sich an die Bibelstelle, die wir vorhin zitiert haben, in der von Tausenden und Abertausenden von Engeln die Rede ist, die den Thron Gottes umgeben? Raten Sie, was sie tun? »Und alle Engel standen rings um den Thron ... Und sie fielen vor dem Thron nieder und beteten Gott an. Sie riefen: ›Amen! Lob und Herrlichkeit und Weisheit und Dank und Ehre und Macht und Stärke gehören unserem Gott für immer und ewig. Amen!‹« (Offenbarung 7,11-12).

Verkündet ihre Anbetung nicht Bände von Gottes Schönheit? Die Engel könnten die Alpen und den Grand Canyon, die Gemälde von Picasso und die Sixtinische Kapelle betrachten, doch sie entscheiden sich stattdessen, ihre Augen auf die Herrlichkeit Gottes zu richten. Sie können nicht genug von ihm sehen, und sie können das, was sie sehen, nicht verschweigen.

In diesem Augenblick, während Sie diese Zeilen lesen, beten Gottes sündlose Diener ihren Schöpfer unaufhörlich an. Er ist ihr Schöpfer. Es gab eine Zeit, in der es keine Engel gab. Und dann, durch Gottes Beschluss, wurden sie geschaffen. »Er machte alles, was wir sehen, und das, was wir nicht sehen können, ob Könige, Reiche, Herrscher oder Gewalten. Alles ist durch ihn und für ihn erschaffen« (Kolosser 1,16). Die unsichtbare Schöpfung Gottes ist voller Engel.

Sie beten ihn an und – das ist ein Schluck für durstige Herzen – sie beschützen uns. »Engel ... sind Geister, die Gott als *Helfer zu denen sendet, welche die Rettung erben werden*« (Hebräer 1,14; Kursivschrift vom Autor).

Vor kurzem hat einer meiner Freunde eine ergreifende Missionsreise nach Vietnam unternommen. Er und zwei Bekannte wollten Bibeln und Geld für die Christen dort einschmuggeln. Nach der Landung wurde er jedoch von den beiden anderen getrennt. Er sprach kein Vietnamesisch und war noch nie zuvor in Hanoi gewesen. Stellen Sie sich vor, was ihm durch den Kopf ging, als er mit einer Tasche voller Bibeln und einem Gürtel voller Geld vor dem Flughafen stand. Das Einzige, was er wusste, war der Name seines Hotels.

Ein Taxifahrer nach dem anderen bot ihm seine Dienste an, doch er wartete und betete. Schließlich kletterte er doch in ein Taxi und sprach den Namen des Hotels aus. Nach einer Stunde und tausend Abbiegungen wurde er schließlich an dem genannten Ort abgesetzt. Er bezahlte seine Fahrer, und diese fuhren weiter.

Ja, »sie« fuhren weiter. Auf dem Vordersitz seines Taxis saßen zwei Männer. Erst später fiel ihm dies als außergewöhnlich auf. Während seines Aufenthalts in Vietnam sah er Hunderte von Taxis, aber in keinem anderen waren zwei Fahrer.

Eine bedeutungslose Begebenheit? Durchaus möglich.

Ein Anhaltspunkt für etwas Bedeutenderes? Ebenfalls möglich. Vielleicht wurde er nicht von vietnamesischen Kraftfahrern, sondern von einem Tandem himmlischer Kuriere sicher an sein Ziel gebracht. Seine Kollegen kamen schließlich auch an, wurden aber von einem anderen Taxifahrer übers Ohr gehauen. Hat Gott ein dynamisches Duo geschickt, um meinen Freund zu schützen?

Ganz sicher hat er einen starken Beschützer zu Schadrach, Meschach und Abed-Nego geschickt. König Nebukadnezar befahl, dass der Ofen siebenmal heißer gemacht wird als üblich und dass sie in diesen Ofen geworfen werden. Der König schaute hinein und erwartete, ein Trio des Jammers zu sehen. Stattdessen befanden sich die Männer in angenehmer Gesellschaft. Ein Besucher stand neben ihnen, mitten in den Flammen. Nebukadnezar rief: »Ich sehe aber vier Männer frei im Feuer umhergehen, und sie sind unversehrt; und der vierte sieht aus, als wäre er ein Sohn der Götter« (Daniel 3,25). Ein Engel half den Gläubigen.

Und nehmen wir Petrus, der in der Todeszelle des Jerusalemer Gefängnisses auf einer Pritsche schlief. Ein Wort von Herodes genügte und sein Kopf würde rollen. Alle irdischen Bemühungen zu seiner Rettung waren ergebnislos geblieben, doch nicht die Bemühungen des Himmels. Ein Engel weckte Petrus nicht nur auf, sondern führte ihn auch hinaus! »Plötzlich erschien ein strahlendes Licht in der Zelle, und ein Engel des Herrn stand vor Petrus. Der Engel stieß ihm in die Seite, um ihn zu wecken, und sagte: ›Schnell! Steh auf!‹ Und die Ketten fielen von seinen Handgelenken« (Apostelgeschichte 12,7).

Engel helfen den Gläubigen. »Denn er befiehlt seinen Engeln, dich zu beschützen, wo immer du gehst« (Psalm 91,11).

Billy Graham erinnert uns: »Wenn Sie gläubig sind, dann rechnen Sie damit, dass Sie in Ihrem Leben von starken Engeln begleitet werden.«[4] Aber wenn Sie nicht gläubig sind? Überwachen die Engel ebenfalls Gottes Feinde? Nein. Das Versprechen des Schutzes der Engel ist auf die beschränkt, die Gott vertrauen. »Engel ... sind Geister, die Gott als *Helfer zu denen sendet, welche die Rettung erben werden*« (Hebräer 1,14; Kursivschrift vom Autor). David spricht von dieser eingeschränkten Bewachung: »Denn der Engel des Herrn beschützt die, *die ihm gehorchen*, und rettet sie« (Psalm 34,8; Kursivschrift vom Autor). Wenn Sie Gott ablehnen, nehmen Sie das Risiko auf sich, dass Ihr Rückraum unbewacht ist. Wenn Sie aber Gottes Leitung annehmen, können Sie gewiss sein, dass viele mächtige Engel Sie auf allen Ihren Wegen beschützen.

»Der Engel des Herrn lagert sich um die her, die ihn fürchten, und hilft ihnen heraus« (Psalm 34,8; Luther 84). Er winkt uns nicht im Vorüberfliegen zu, er schlägt sein Lager auf, er bleibt in unserer Nähe und wacht über uns. Wir leben unter der Fürsorge himmlischer Wesen. Diese Wahrheit kann doch unseren Angstpegel senken! Die Reichsten der Welt haben nicht den Schutz, den Gottes Diener uns bieten.

Und die Engel geben uns gern ihren Schutz! Die Engel dienen uns nicht nur, sie sind beeindruckt von uns. »Nun wurde euch diese Botschaft durch diejenigen verkündet, die in der Kraft des Heiligen Geistes, der vom Himmel gesandt wurde, zu euch gepredigt haben. Und sogar die Engel sehnen sich danach, etwas davon zu sehen« (1. Petrus 1,12). Erstaunt sehen die Engel, welche Gaben Gott uns geschenkt hat. Wohnt der Heilige Geist in Engeln? Nein. Aber er wohnt in uns. Danken die Engel Gott für die Errettung? Nein, sie waren nie verloren. Wir jedoch waren verloren. Wurde Christus ein Engel? Nein. Aber er wurde ein Mensch. Und die Engel standen voll Ehrfurcht da, als er Mensch wurde. Anbetende Engel waren bei seiner Geburt anwesend. Engel waren Zeugen seines Todes. Begeistert verkündeten die Engel seine Auferstehung. Aufmerksam beobachten die Engel das Tun der christlichen Gemeinde. »Gottes Absicht war es, dass Mächte und Gewalten im Himmel durch seine Gemeinde den Reichtum seiner Weisheit erkennen« (Epheser 3,10).

Gottes Werk in uns bringt die Engel zum Staunen und zum Beifallklatschen. Jesus sagte: Es »herrscht Freude bei den Engeln Gottes, wenn auch nur ein einziger Sünder bereut und auf seinem Weg umkehrt« (Lukas 15,10). Wenn die Engel sich in der Pause treffen, sprechen sie über die christliche Gemeinde.

»Hast du gesehen, was in Nigeria geschehen ist?«

»Die Australier machen große Fortschritte.«

»Ich komme eben aus New York zurück. Ich erzähle euch etwas über die Gläubigen in Bronx.«

Der Verfasser des Hebräerbriefes schreibt von einer »Wolke von Zeugen« (Hebräer 12,1; Luther 84). Ganz bestimmt gehören auch Engel dazu.

Gott schickt seine besten Truppen, um über unser Leben zu wachen. Stellen Sie sich vor, der amerikanische Präsident würde seinen Geheimdienst mit Ihrem Schutz beauftragen, seinen Agenten befehlen, Ihr Auto durch den Verkehr zu eskortieren und Sie in einer Menschenmenge zu beschützen. Wie würden Sie in dem Wissen, dass der beste Sicherheitsdienst der USA Ihr Haus bewacht, schlafen? Wie *werden* Sie in dem Wissen, dass der beste Sicherheitsdienst des Himmels genau das tut, schlafen? Sie sind nicht allein. Nehmen Sie Gottes Leitung in Ihrem Leben an. Die vielen mächtigen Engel des Himmels bewachen Sie.

Und wenn Sie die Ziellinie überschreiten, sind Engel die Ersten, die Beifall klatschen.

13. GOTT IST UNSER BESCHÜTZER

GOTT IST UNSER BESCHÜTZER

Habe ich richtig gelesen? Ich fuhr noch einmal um den Block, um einen zweiten Blick auf die Bekanntmachung zu werfen. Der Aushang, der an den Pfosten eines Stoppschildes angeschlagen war, sah aus, als sei er auf einem privaten Computer ausgedruckt worden: gelbes Papier und dicke Buchstaben. Unsere Nachbarn drucken alle möglichen Ankündigungen und hängen sie aus. Ich war nicht erstaunt, einen Aushang zu sehen, über seinen Inhalt aber wohl.

Gefunden: Hängebauchschwein

Es folgten zwei Telefonnummern: eine für Anrufe tagsüber und die andere für Anrufe in der Nacht. Einen solchen Aushang hatte ich noch nie gesehen. Ähnliche schon, wie etwa:

Gefunden: Golden Retriever
Gefunden: Psychedelisches Skateboard
Gefunden: Goldene Brosche

Aber: »Gefunden: Hängebauchschwein«? Wer verliert schon ein Schwein? Wer *besitzt* schon ein Schwein? Ich kenne viele Besitzer von Haustieren, aber jemanden, der ein Schwein als Haustier besitzt? Können Sie sich vorstellen, jeden Tag ein Schwein zu umsorgen? (Denalyn sagt, sie kann es.) Ob die Gäste von Schweinebesitzern wohl das Schwein streicheln, wenn es zur Begrüßung mit dem Schwanz wackelt? Hängen die Besitzer eines Schweines ein Schild an das Gartentor: »Vorsicht: Hängebauchschwein«? Schweinebesitzer müssen schon ein besonderer Schlag sein.

Aber die Menschen, die ein Schwein in Sicherheit bringen, noch viel mehr. Der Aushang lässt auf eine seltsame Begebenheit schließen. Jemand hat das Schwein entdeckt, als es den Gehsteig entlangtrottete. »Armes Ding. Komm her, mein Ferkelchen. Die Straße ist kein Ort für ein einsames Schweinchen. Ich nehme dich mit nach Hause.«

Nehmen wir an, ein Schwein würde vor Ihrer Haustür stehen. Würden Sie aufmachen, wenn Sie ein Grunzen hören? Ich nicht. Wenn ein Golden Retriever, ein deutscher Schäferhund oder ein Bernhardiner vor meiner Türe ständen, würde ich sie ohne Zögern für einige Tage verköstigen und ein paar Bekanntmachungen in der Nachbarschaft aushängen. Aber ein Hängebauchschwein? Tut mir Leid. Ich würde es seinem Schicksal überlassen.

Ich würde keinen Anspruch auf eines erheben. Doch Gott schon. Gott hat es getan. Gott hat es getan, als er auf uns Anspruch erhoben hat.

Wir nehmen an, dass Gott sich nur um die Mustergültigen dieser Welt kümmert, die Menschen mit sauberer Nase, geordnetem Leben und religiöser Erziehung. Wenn Gott sieht, wie ein reinrassiger Pudel oder eine dänische Dogge durch die Straßen irrt, reißt er die Tür weit auf. Aber wir? Auch uns kann es passieren, dass wir umherirren. Wir sind weit weg von zu Hause. Haben wir ein Anrecht auf seine Aufsicht?

Psalm 91 ruft uns ein mitreißendes Ja zu! Wenn wir die Art und die Größe von Gottes Leitung erfahren wollen, sollten wir unter den ausholenden Zweigen der Dichtung Davids Schutz suchen:

> Wer im Schutz des Höchsten lebt,
> der findet Ruhe im Schatten des Allmächtigen.
> Der spricht zu dem Herrn: Du bist meine Zuflucht
> und meine Burg, mein Gott, dem ich vertraue.
> Denn er wird dich vor allen Gefahren bewahren
> und dich in Todesnot beschützen.

Er wird dich mit seinen Flügeln bedecken,
und du findest bei ihm Zuflucht.
Seine Treue schützt dich wie ein großes Schild.
Fürchte dich nicht vor den Angriffen in der Nacht
und habe keine Angst vor den Gefahren des Tages,
vor der Pest, die im Dunkeln lauert, vor der Seuche,
die dich am hellen Tag trifft.
Wenn neben dir auch Tausende sterben,
wenn um dich herum Zehntausende fallen,
kann dir doch nichts geschehen.
Du wirst es mit eigenen Augen sehen,
du wirst sehen, wie Gott die Gottlosen bestraft.
Wenn der Herr deine Zuflucht ist, wenn du beim
Höchsten Schutz suchst, dann wird das Böse dir
nichts anhaben können,
und kein Unglück wird dein Haus erreichen.
Denn er befiehlt seinen Engeln,
dich zu beschützen, wo immer du gehst.
Auf Händen tragen sie dich,
damit du deinen Fuß nicht an einen Stein stößt.
Löwen und giftige Schlangen wirst du zertreten,
wilde Löwen und Schlangen wirst du mit deinen
Füßen niedertreten!
Der Herr spricht: »Ich will den erretten,
der mich liebt.
Ich will den beschützen,
der auf meinen Namen vertraut.
Wenn er zu mir ruft, will ich antworten.
Ich will ihm in der Not beistehen und ihn retten
und zu Ehren bringen.
Ich will ihm ein langes Leben schenken und ihn
meine Hilfe erfahren lassen.«

(Psalm 91,1-16)

Sechzehn Verse veranschaulichen ein und dasselbe Bild: Gott ist unser Beschützer. Wie lauten die Kernaussagen dieses Psalms:

>»Wer im Schutz des Höchsten lebt, der findet Ruhe.«
>»Er wird dich bewahren.«
>»Er wird dich mit seinen Flügeln bedecken.«
>»Du findest bei ihm Zuflucht.«
>»Dir kann nichts geschehen.«
>»Seine Engel tragen dich.«
>»Der Herr spricht: ›Ich will dich erretten.‹«
>»Ich will dich beschützen.«
>»Ich will dir antworten.«
>»Ich will dir beistehen.«
>»Ich will dich retten.«
>»Ich will dir helfen.«

Ich möchte aber, dass Sie verstehen, dass Gott mehr als die Möglichkeit oder Wahrscheinlichkeit eines Schutzes bietet. Wird Gott uns beschützen? Ist der Papst katholisch? Dem Himmel liegt viel an unserer heiteren Gelassenheit. Gottes Gegenwart umfriedet unser Leben. Gott, unser Beschützer, stellt sich zwischen das Böse und uns.

Als der Skandal um Präsident Clinton und Monica Lewinsky hohe Wellen schlug, sprach Sonderermittler Kenneth Starr in unserer Gemeinde. Aufgrund der angespannten Lage bewachten mehrere Ehrfurcht gebietende Leibwächter jede seiner Bewegungen. Einer ging vor ihm, ein anderer hinter ihm. Schweigend beäugten sie alle, die ihm die Hand schütteln wollten. Wenn Starr im Pausenraum saß, standen sie an der Tür. Als ich Starr fragte, ob ihn ihre Gegenwart nicht störte, zuckte er mit den Schultern. »Wissen Sie, ihr Schutz beruhigt.«

Gottes Schutz beruhigt noch viel mehr. Er beäugt jeden, der auf uns zukommt. Er geht uns immer voraus. Wenn wir schlafen, führt er Kontrollgänge durch. »Er wird dich mit seinen Flügeln bedecken, und du findest bei ihm Zuflucht (V. 4).

Die Zuflucht unter dem Schatten des Allmächtigen ist ein Bild, das mich an ein verregnetes Picknick erinnert. Meine Studienkollegen und ich hatten uns mit knapper Not vor einem Gewitter gerettet, bevor der Wolkenbruch auf den Park, in dem wir den Samstagnachmittag verbrachten, niederprasselte. Der Freund, bei dem ich im Auto saß, hielt plötzlich an und zeigte mir eine zärtliche Szene. Eine Vogelmutter saß im strömenden Regen und hielt ihren Flügel über ihr Vogelbaby, das aus dem Nest gefallen war. Aufgrund des heftigen Sturms konnte sie nicht auf den Baum zurückkehren, deshalb bedeckte sie ihr Kind, bis der Wind vorüber war.

Vor wie vielen Stürmen schützt Gott uns? In diesem Augenblick bedeckt er Sie mit seinem Flügel. Ein verleumderischer Kritiker, der auf Ihren Schreibtisch zueilt, wird von einem Telefonanruf unterbrochen. Ein Einbrecher, der zu Ihrem Haus unterwegs ist, bekommt eine Reifenpanne. Einem betrunkenen Autofahrer geht das Benzin aus, bevor Sie ihm begegnen. Gott, unser Beschützer, bewahrt uns

»vor allen Gefahren« (V. 3),

»in Todesnot« (V. 3),

»vor den Angriffen in der Nacht« (V. 5),

»vor der Pest, die im Dunkeln lauert, vor der Seuche, die dich am hellen Tag trifft« (V. 6).

Vers 10 verspricht, dass uns nichts Böses etwas anhaben kann.

»Aber warum geschieht das Schlimme doch?«, bricht es aus uns heraus. »Erkläre mir den Verlust meines Arbeitsplatzes. Oder den Trunkenbold von Vater, den ich hatte. Oder den Tod unseres Kindes.« Hier tauchen Hängebauchschwein-Gedanken auf. Gott schützt Huskys und englische Vorsteherhunde, aber kleine Wichte wie mich? Warum stoßen uns schlimme Dinge zu, wenn Gott unser Beschützer ist?

Sind uns *wirklich* schlimme Dinge zugestoßen? Gott und wir sind uns vielleicht über die Bedeutung des Wortes *schlimm* nicht einig. Eltern und Kinder sind in dieser Hinsicht oft anderer Meinung. Für Zwölf- bis Vierzehnjährige bedeutet *schlimm* »Pickel auf der Nase« oder »Freitagabend allein« oder »unangekündigte Klassenarbeit in Geometrie«. »Papa, das ist wirklich schlimm«, klagt der Jugendliche. Papa, der das alles mehrmals erlebt hat, ist anderer Meinung. Pickel vergehen. Bald wirst du über einen ruhigen Abend zu Hause froh sein. Diese Dinge sind ärgerlich oder lästig, aber sicher nicht *schlimm*. Sparen wir uns dieses Eigenschaftswort für wirklich schlimme Dinge auf, wie die Intensivstation im Krankenhaus oder den Friedhof.

Was für ein Kind schlimm ist, muss für einen Vater nicht immer schlimm sein.

Was Sie und ich für eine absolute Katastrophe halten, hält Gott vielleicht für ein Problem mit dem Stellenwert eines Pickels auf der Nase, der wieder vergeht. Er betrachtet unser Leben so, wie wir einen Film anschauen, nachdem wir das Buch gelesen haben. Wenn etwas Schlimmes geschieht, fühlen wir, wie alle Zuschauer den Atem anhalten. Alle anderen sind gefesselt von der Hochspannung auf der Kinoleinwand. Nur wir nicht. Und warum nicht? Wir haben das Buch gelesen. Wir wissen, wie der Anständige sich wieder aus der Klemme befreit. Gott sieht unser Leben mit der gleichen Zuversicht. Er hat unsere Geschichte nicht nur gelesen ... er hat sie geschrieben. Er hat den Blick für die Dinge im richtigen Verhältnis, und sein Ziel ist klar.

Gott benutzt Kämpfe, um unsere geistliche Haut abzuhärten.

> Liebe Brüder, wenn in schwierigen Situationen euer Glaube geprüft wird, dann freut euch darüber. Denn wenn ihr euch darin bewährt, wächst eure Geduld. Und durch die Geduld werdet ihr bis zum Ende durchhalten, denn dann wird euer Glaube zur vollen

Reife gelangen und vollkommen sein und nichts wird euch fehlen. (Jakobus 1,2-4)

Was ist eines von Gottes Heilmitteln gegen schwachen Glauben? Ein gehöriger Kampf. Vor einigen Jahren besuchte ich mit meiner Familie Colonial Williamsburg in Virginia. Falls Sie einmal dorthin kommen, achten Sie besonders auf die Arbeit des Silberschmieds. Der Handwerker legt einen Silberbarren auf einen Amboss und behämmert ihn mit einem schweren Schmiedehammer. Wenn das Metall für die Formung flach genug ist, kommt es in den Schmelzofen. Abwechselnd erhitzt und behämmert der Silberschmied das Metall, bis es die Form eines Werkzeugs annimmt, das er gebrauchen kann.

Erhitzen, Hämmern.
Erhitzen, Hämmern.
Termindruck, Verkehr.
Auseinandersetzungen, Herabwürdigung.
Laute Sirenen, stille Telefone.
Erhitzen, Hämmern.
Erhitzen, Hämmern.

Wissen Sie, dass das Wort *Schmied* in *Silberschmied* von einem Wort abstammt, das *schlagen, heimsuchen, züchtigen, plagen* bedeutet? Silberschmiede sind vollendete Schläger. Genau wie Gott. Wenn der Handwerker mit der Form seines Werkzeugs zufrieden ist, beginnt er, es glatt zu hämmern und zu polieren. Dazu benutzt er kleinere Hämmer und Schmirgelpapier, er klopft, reibt und putzt. Niemand stellt sich ihm entgegen. Niemand reißt ihm den Hammer aus der Hand und ruft: »Behandle dieses Silber etwas pfleglicher. Du hast genug gehämmert!« Nein, der Handwerker schlägt das Metall, bis er damit fertig ist. Ich habe gehört, dass manche Silberschmiede das Metall so lange polieren, bis sie ihr Gesicht in dem Werkzeug erkennen können. Wann wird Gott bei Ihnen aufhören? Wenn er sein Spiegelbild in Ihnen erkennt. »Der Herr wird alles zu einem guten Ende bringen« (Psalm 138,8). Jesus sagte: »Mein Vater hat bis heute nicht aufgehört zu wirken« (Johannes 5,17).

Gott beschützt die, die bei ihm Zuflucht suchen. Wenn Sie Schläge fühlen, bedeutet das nicht, dass er ferne ist, es ist vielmehr ein Beweis seiner Nähe. Vertrauen Sie seiner Souveränität, seiner uneingeschränkten Herrschaft. Hat er nicht Ihr Vertrauen verdient?

Hat er jemals ein Wort ausgesprochen, das sich als falsch herausgestellt hat? Hat er jemals ein Versprechen gegeben, das sich als Lüge erwiesen hat? Josua war jahrzehntelang Gott nachgefolgt, als er zu dem Schluss kam: »Es war nichts dahingefallen von dem guten Wort, das der Herr ... verkündigt hatte. Es war alles gekommen« (Josua 21,45). Schauen Sie das Wort *Zuverlässigkeit* im Wörterbuch des Himmels nach. Die Begriffsbestimmung ist nur ein einziges Wort: Gott. »Wenn wir untreu sind, bleibt er treu, denn er kann sich nicht selbst verleugnen« (2. Timotheus 2,13).

Erstellen Sie eine Liste seiner Fehler. Sie ist recht kurz, nicht wahr? Erstellen Sie jetzt eine Liste der Gelegenheiten, bei denen er Ihnen Ihre Fehler vergeben hat. Wer auf der Erde kann ein solches Zeugnis vorweisen? »Gott, der euch berufen hat, ist treu; er wird halten, was er versprochen hat« (1. Thessalonicher 5,24).

Sie können sich auf ihn verlassen. Er ist »gestern, heute und in Ewigkeit derselbe« (Hebräer 13,8). Und da er der Herr ist, werden wir »sichere Zeiten haben« (Jesaja 33,6; Luther 84).

Vertrauen Sie ihm. »Doch wenn ich Angst habe, vertraue ich dir« (Psalm 56,4). Schließen Sie sich Jesaja an, der beschlossen hat: »Ich bin sicher und fürchte mich nicht, denn Gott der Herr ist meine Stärke« (Jesaja 12,2; Luther 84).

Gott führt Ihre Schritte und freut sich an jeder Einzelheit Ihres

Lebens (Psalm 37,23,24). Es kommt nicht darauf an, wer Sie sind. Hängebauchschwein oder preisgekröntes Prachtexemplar? Gott sieht keinen Unterschied. Aber er sieht Sie. Sein Auto fährt an den Straßenrand. Gott öffnet die Tür, und Sie setzen sich auf den Beifahrersitz.

Fühlen Sie sich nicht sicherer in dem Wissen, dass er die Leitung hat?

TEIL 4

SEINE LIEBE EMPFANGEN

14.

 TIEFER

TIEFER

Pipín Ferreras will tief hinunter, tiefer als je ein Mensch getaucht hat. Sie und ich, wir geben uns mit vier oder fünf Metern unter Wasser zufrieden. Manche Draufgänger tauchen in Tiefen bis zu zwölf oder fünfzehn Metern. Doch nicht Pipín. Dieser legendäre kubanische Taucher stieg bis zu 162 Meter in das Wasser des Ozeans hinunter, und seine einzige Ausrüstung dabei waren seine Schwimmflossen, ein Tauchanzug, feste Entschlossenheit und ein Atemzug.

Sein Tauchgang dauerte drei Minuten und zwölf Sekunden. Zur Vorbereitung eines solchen Tauchgangs muss er seine Lungen mit 8,2 Litern Luft füllen – fast doppelt so viel wie die Lungenkapazität eines normalen Menschen. Dazu atmet er einige Minuten lang ein und aus – seine Luftröhre klingt dabei wie eine Fahrradpumpe. Dann schlingt er die Knie um die Stange eines Tauchschlittens aus Aluminium, der ihn bis zum Meeresgrund hinabsenkt.[1]

Kein Freitaucher hat je tiefer getaucht. Doch er will mehr. Obwohl er den Wasserdruck kennt, der die Unterseeboote im Zweiten Weltkrieg auf die Probe stellte, ist es ihm nicht genug. Das Geheimnis der Tiefe ruft ihn. Er will noch tiefer hinunter.

Kann ich Sie für ein ähnlich verblüffendes Hinuntertauchen interessieren? Nicht in die Wasser des Ozeans, sondern in die grenzenlose Liebe Gottes.

> [Ich bete,] dass Christus durch den Glauben in euren Herzen wohne und ihr in der Liebe eingewurzelt und gegründet seid. So könnt ihr mit allen Heiligen begreifen, welches die Breite und die Länge und die Höhe und die Tiefe ist, auch die Liebe Christi

> erkennen, die alle Erkenntnis übertrifft, damit ihr erfüllt werdet mit der ganzen Gottesfülle
> (Epheser 3,17-19; Luther 84)

Wenn Paulus hier die Liebe Gottes beschreibt, kann er das Wort *Tiefe* nicht vermeiden. Er fordert uns auf, die Tiefe von Gottes Liebe zu erkennen (V. 18).

Stellen Sie sich Ferreras tief unter der Meeresoberfläche vor. Wenn er so tief getaucht ist wie ein fünfstöckiges Haus hoch ist, kann er sich nach allen Seiten wenden, ohne etwas anderes als Wasser zu sehen. Rechts, links, über ihm, unter ihm ist nichts als Wasser. Wasser bestimmt seine Tauchgänge, gibt ihm die Richtung vor, befreit ihn, begrenzt ihn. Seine Welt ist Wasser.

Kann jemand so tief in Gottes Liebe eindringen, so tief in ihr versinken, dass er nichts anderes mehr sieht? Daved Brainerd, ein Indianermissionar im achtzehnten Jahrhundert, würde diese Frage bejahen. In seinem Tagebuch schrieb er:

> Ich zog mich in großer Ruhe an meinen gewohnten ungestörten Ort zurück. Ich konnte nur meine Sehnsucht nach vollkommener Übereinstimmung mit Gott in allen Dingen ausatmen. Gott war so wertvoll, dass die Welt mit all ihren Freuden unendlich abstoßend anmutete. Das Wohlwollen der Menschen schien mir nicht erstrebenswerter als Kieselsteine.
> Gegen Mittag hatte ich das heißeste Verlangen nach Gott, das ich je in meinem Leben verspürte.
> An meinem geheimen Rückzugsort konnte ich nichts tun als meinem Herrn in glückseliger Ruhe sagen, dass ich mir nichts wünsche außer ihm, nichts als Heiligkeit, dass er mir dieses Verlangen gegeben hat und dass nur er das Gewünschte schenken kann.

Ich war noch nie zuvor von mir selbst so losgelöst und so völlig Gott hingegeben.
Fast den ganzen Tag lang war mein Herz in Gott verschlungen.[2]

Für alle, die sich ein solches Hinuntertauchen in diese Liebe wünschen, bietet die Bibel einen Anker. Klammern Sie sich an diesem Vers fest und lassen Sie sich dann hinuntersinken: »Gott ist Liebe« (1. Johannes 4,16).

Diese kurze Aussage in diesem Abschnitt weist auf die gewaltige Überraschung von Gottes Liebe hin – sie hat nichts mit uns zu tun. Andere lieben uns um unseretwillen, weil wir Grübchen haben, wenn wir lächeln oder weil wir charmante Worte finden, wenn wir es darauf anlegen. Manche Menschen lieben uns um unseretwillen. Bei Gott ist es anders. Er liebt uns, weil er er ist. Er liebt uns, weil er es so beschlossen hat. Seine immer gleichbleibende, spontane Liebe hat keine Ursache, sie hängt von seiner Entscheidung ab. »Nicht hat euch der Herr angenommen und euch erwählt, weil ihr größer wärt als alle Völker – denn du bist das Kleinste unter allen Völkern –, sondern weil er euch geliebt hat« (5. Mose 7,7-8).

Man kann Gottes Liebe nicht beeinflussen. Man kann auf das Baumsein eines Baumes, das Himmelsein des Himmels und das Felssein eines Felsen keinen Einfluss ausüben. Und man kann auch die Liebe Gottes nicht beeinflussen. Wenn dem so wäre, hätte Johannes mehr Tinte verbraucht: »Gott ist *gelegentlich* Liebe« oder »*zeitweilig* Liebe« oder »*Schönwetter*-Liebe«. Wenn unsere Taten seine Hingabe ändern würden, dann wäre Gott nicht Liebe. Dann wäre er menschlich, denn so ist menschliche Liebe.

Von menschlicher Liebe hatten Sie genug, nicht wahr? Genug Männer, die Sie mit Elvis-nachäffender Aufrichtigkeit umwerben. Genug Revolverblättchen, die vorgaukeln, dass sich nach der nächsten Schlankheitskur die echte Liebe einstellt. Genug Erwartungen von Vorgesetzten, Eltern und Pfarrern, die wie mit Helium gefüllte Luftballons anmuten. Genug Stunden im Morgengrauen, die den bitteren Geschmack der Fehler hinterlassen, die Sie in der Nacht zuvor auf der Suche nach Liebe begangen haben.

Brauchen Sie einen Brunnen der Liebe, der nicht austrocknet? Sie finden einen auf einem steinigen Hügel außerhalb der Stadtmauern Jerusalems, wo Jesus ans Kreuz genagelt mit der Dornenkrone hängt. Steigen Sie auf diesen Berg, wenn Sie sich ungeliebt vorkommen. Denken Sie lange und gründlich über die Liebe des Himmels zu Ihnen nach. Beide Augen nach Schlägen zugeschwollen, die Schultern wund geschunden, die Lippen blutig und aufgesprungen. Haarbüschel sind aus seinem Bart gerissen worden. Er atmet keuchend und schwer. Wenn Sie in das blutverschmierte Gesicht des einzigen Sohnes des Himmels blicken, dann vergessen Sie nicht: »Gott dagegen beweist uns seine große Liebe dadurch, dass er Christus sandte, damit dieser für uns sterben sollte, als wir noch Sünder waren« (Römer 5,8).

Vertrauen Sie keinen anderen Maßstäben. Wir tun das oft. Wenn wir Gesunde oder Erfolgreiche sehen, kommen wir schnell zu dem Schluss: *Gott muss diesen Menschen wirklich lieben. Er ist mit so viel Gesundheit, Geld, gutem Aussehen und Können beschenkt.*

Oder wir verfallen in das andere Extrem. Wenn wir einsam und kraftlos in einem Krankenhausbett liegen, folgern wir: *Gott liebt mich nicht. Wie könnte er auch? Schau mich nur an.*

Weisen Sie solche Gedanken zurück. Erfolg ist genauso wenig ein Zeichen für Gottes Liebe wie Kämpfe ein Beweis dafür sind, dass er uns nicht liebt. Der endgültige, von Gott bestätigte Maßstab ist nicht ein guter Tag oder eine schlimme Unterbrechung, es sind die Sterbestunden seines Sohnes. Betrachten Sie sie oft. Gehen Sie immer öfter zum Kreuz von Jesus. Entdecken Sie, was

Brainerd meinte, als er sagte: »Fast den ganzen Tag lang war mein Herz in Gott verschlungen.« Nehmen Sie die Einladung von Jesus an: »Bleibt in meiner Liebe« (Johannes 15,9).

Wenn Sie an einem Ort bleiben, dann wohnen Sie dort. Sie machen sich mit der Umgebung vertraut. Sie fahren nicht in den Hof und fragen: »Wo ist die Garage?« Sie schauen nicht auf dem Plan nach, um die Küche zu finden. Bleiben bedeutet, zu Hause sein.

In der Liebe von Jesus bleiben bedeutet, seine Liebe zu unserem Zuhause zu machen. Nicht zu einem Park neben der Straße oder zu einem Hotelzimmer, in das wir gelegentlich gehen, sondern zu unserem bevorzugten Aufenthaltsort. Wir ruhen in ihm aus und essen in ihm. Wenn der Donner grollt, treten wir unter sein Dach. Seine Wände schützen uns vor Stürmen. Sein Kamin wärmt uns in den Wintern des Lebens. Johannes schrieb: »Gott ist Liebe, und wer in der Liebe lebt, der lebt in Gott und Gott lebt in ihm« (1. Johannes 4,16). Wir nehmen unseren ständigen Wohnsitz in einem Leben der Liebe. Wir verlassen das alte Haus falscher Liebe und ziehen in sein Haus echter Liebe.

Es dauert eine gewisse Zeit, bis wir uns an dieses neue Zuhause gewöhnt haben. In den ersten Nächten in einem neuen Haus kann man aufwachen und an eine Wand stoßen. Mir ging es so. Nicht in einem neuen Zuhause, sondern in einem Hotel. Ich stieg aus dem Bett, um mir ein Glas Wasser zu holen, ging nach links und stieß mir die Nase platt. Ich war nicht an die Ausmaße des Zimmers gewöhnt.

Auch die Ausmaße von Gottes Liebe sind anders, als wir es gewohnt sind. Wir haben in einem Haus unvollkommener Liebe gelebt. Sie denken, dass Gott Sie links liegen lässt wie der Trainer oder dass er Sie im Stich lässt wie Ihr Vater oder dass er Sie richtet, wie es die falsche Religion getan hat, oder dass er Sie verflucht wie Ihr Freund. Er wird es nicht tun, doch es dauert eine Weile, bis Sie wirklich davon überzeugt sind.

Aus diesem Grund müssen Sie in ihm bleiben. Klammern Sie sich an Christus, wie sich eine Rebe an den Weinstock klammert. Jesus erklärte, dass die Rebe eine Veranschaulichung des *Bleibens* ist. »Denn eine Rebe kann keine Frucht tragen, wenn sie vom Weinstock abgetrennt wird, und auch ihr könnt nicht, wenn ihr von mir getrennt seid, Frucht hervorbringen« (Johannes 15,4).

Verlässt eine Rebe jemals den Weinstock? Wenn sie das tut, stirbt sie. Hört die Rebe je auf zu essen? Nein. Sie erhält rund um die Uhr Nahrung. Könnte man sagen, dass die Rebe vom Weinstock abhängig ist? Meiner Meinung nach schon. Wenn es Seminare für Reben gäbe, würde das Thema lauten: »Der feste Griff: Die Geheimnisse des Klammerns an den Weinstock.« Doch für Reben gibt es keine Seminare, weil dafür das Loslassen des Weinstocks erforderlich wäre, und das ist etwas, was sie ablehnen.

Wie schneiden Sie bei dem Test mit dem Weinstock ab? Trennen Sie sich manchmal von der Liebe von Jesus? Bleiben Sie ohne Nahrung? Hören Sie manchmal auf, aus seiner Fülle zu trinken? Wenn Sie das tun, laufen Sie Gefahr, ein vertrocknetes Herz zu bekommen. Wenn Sie das tun, müssen Sie mit einem Leben wie ein Fadenwurm rechnen.

Der Fadenwurm kann lange Dürreperioden überleben, indem er sich vollständig von der Umwelt abkapselt. Im Grunde genommen fährt er seinen ganzen Organismus herunter. Er gibt so viel Flüssigkeit ab, dass er so trocken wie ein Wattebällchen wird. Dann tritt er in einen Zustand, der Anhydrobiose genannt wird, was »Leben ohne Wasser« bedeutet. Ein Viertel seines Körpergewichts wird in Material verwandelt, das seine inneren Organe umgibt und schützt. Dann schrumpft er auf etwa sieben Prozent seiner normalen Größe zusammen und wartet das Ende der Trockenzeit ab.[3]

Wissenschaftler versichern, dass Menschen so etwas nicht können. Ich bin mir dessen nicht so sicher.

- Eine Frau verließ ihren Mann. Sie erklärte: »Jetzt, wo die Kinder erwachsen sind, wird es Zeit, dass ich mein Leben genieße.«
- Vor kurzem las ich in der Zeitung von einem Mann, dessen Ehe in Brüche ging und der seine Frau und seine Kinder ermordete. Seine Begründung? Wenn er sie nicht haben kann, soll niemand sie haben.
- Gestern bekam ich eine E-Mail von einem guten Mann, der ein hartnäckiges Problem mit Pornographie hat. Er ist davon überzeugt, dass Gott ihm nicht vergeben kann.

Anhydrobiose des Herzens. Eingezogene Gefühle. Seelen mit Schwielen. Eingerollt und zurückgezogen vor dem Liebesmangel des Lebens. Mit harter Schale, um die raue Wüste zu überleben. Für ein solches Leben sind wir nicht geschaffen. Was können wir tun?

Aus dem Ordner mit dem Titel »Es wird nicht geschehen« ziehe ich ein Blatt heraus und mache folgenden Vorschlag. Machen wir das Gebot von Christus zu einem staatlichen Gesetz. Jeder muss die Liebe Gottes zu seinem Zuhause machen. Hiermit sei verkündet:

Niemand darf in die Welt hinausgehen
und seinen Tag beginnen, bevor er nicht unter dem
Kreuz gestanden und Gottes Liebe erhalten hat.

Taxifahrer. Präsidenten. Prediger. Zahnärzte und LKW-Fahrer. Alle müssen sich am Brunnen seiner Freundlichkeit aufhalten, bis all ihr Durst vergangen ist, bis sie so satt sind, dass sie keinen Tropfen mehr trinken können, bis ihr Herz voll Wasser gesogen ist. Dann und erst dann dürfen sie auf die Autobahnen, in die Labors, in die Klassenzimmer und Sitzungssäle der Welt.

Brennen Sie darauf, die Veränderungen zu erleben, die das mit sich brächte? Es gäbe weniger genervtes Hupen, wir müssten unsere Wohnungen nicht mehr wie eine Festung verriegeln, es gäbe mehr Umarmungen, und Kinder könnten mehr auf die Hilfe Erwachsener bauen. Weniger Gerichtsurteile, aber mehr Komplimente würden ausgesprochen. Die Vergebungsbereitschaft würde sprunghaft ansteigen. Wie kann man einem anderen Menschen eine zweite Chance verweigern, wenn Gott uns so viele Verfehlungen nicht anrechnet? Ärzte würden weniger Beruhigungsmittel verschreiben, sondern stattdessen das Überdenken von Bibelversen empfehlen: »Denken Sie sechsmal am Tag über Gottes Versprechen nach: ›*Ich habe dich je und je geliebt*‹« (Jeremia 31,3; Kursivschrift vom Autor). Können Sie hören, was der Nachrichtensprecher verkündet? »Seit Inkrafttreten des Liebesgesetzes fiel die Scheidungsrate, die Zahl jugendlicher Ausreißer hat einen Tiefstand erreicht, und die Republikaner und Demokraten haben ihre Parteien aufgelöst und beschlossen, zusammenzuarbeiten.«

Ich gebe zu, das ist eine verrückte Idee. Gottes Liebe kann nicht per Gesetz verordnet werden. Aber man kann sich für sie entscheiden. Sie entscheiden sich doch für die Liebe Gottes? Tun Sie es, um Ihres Herzens willen, um Ihrer Familie willen, um Christi willen und um Ihrer selbst willen. Das Gebet ist einfach, aber machtvoll: »Herr, ich nehme deine Liebe an. Nichts kann mich von deiner Liebe trennen.«

Mein Freund Keith und seine Frau Sarah fuhren zu ihrem Hochzeitstag nach Cozumel in Mexiko. Sarah ist begeisterte Schnorchlerin. Mit ihren Schwimmflossen, einer Tauchmaske und einem Schnorchel taucht sie tief unter die Wasseroberfläche und sucht nach den geheimnisvollen Dingen da unten.

Auch Keith hat Schwimmflossen, eine Tauchmaske und einen Schnorchel, aber zusätzlich noch ein Schwimmbrett. Die Wasseroberfläche genügt ihm.

Sarah hat ihn jedoch dazu überredet, auch einmal unter Wasser zu gehen. Etwas über zehn Meter von der Küste entfernt rief sie ihm zu, er solle zu ihr paddeln. Er tat es. Die beiden tauchten gemeinsam unter das Wasser, und sie zeigte ihm ein sechs Meter hohes versenktes Kreuz. »Wenn ich noch Atem gehabt hätte, hätte dieser Anblick ihn mir geraubt«, gestand er.

Jesus winkt uns zu, unterzutauchen und das Gleiche zu sehen. Vergessen Sie die kurzen Blicke von der Wasseroberfläche aus. Holen Sie sich keinen Sonnenbrand mehr am Rücken. Tauchen Sie tief ein. Schöpfen Sie Atem und tauchen Sie so tief in seine Liebe ein, dass Sie nichts anderes mehr sehen.

Sprechen Sie mit dem Psalmisten:

> Wen habe ich im Himmel außer dir? Du bist mir wichtiger als alles andere auf der Erde. Selbst krank und völlig geschwächt, bleibt Gott der Trost meines Herzens, er gehört mir für immer und ewig. ...
> Ich erinnere mich, dass du gesagt hast: »Suchet meine Nähe.« Und ich habe geantwortet: »HERR, ich suche dich.«
>
> (Psalm 73,25-26; 27,8)

15. WIE DIE TÜR INS SCHLOSS FÄLLT?

HABEN SIE GEHÖRT, WIE DIE TÜR INS SCHLOSS FÄLLT?

Der neunjährige Al schleppt sich durch die Straßen Londons. Seine Hand umklammert einen Brief, vor Angst hämmert sein Herz zum Zerspringen. Er hat die Zeilen nicht gelesen; sein Vater hatte es ihm verboten. Er kennt den Inhalt des Briefes nicht, aber er kennt den Bestimmungsort: die Polizeistation.

Im Allgemeinen brennen kleine Jungen vermutlich auf einen Besuch in der Polizeistation. Doch Al nicht, zumindest nicht heute. Strafe und nicht Vergnügen war der Anlass für seinen Besuch. Al ist zu spät nach Hause gekommen. Er war so sehr in das Spielen mit seinen Freunden vertieft, dass er die Zeit vergessen hat. Deshalb kam er zu spät nach Hause, und es gab Ärger mit seinem Vater.

Al's Vater, ein strenger Mann, der großen Wert auf Disziplin legte, wartete schon an der Haustür. Ohne Gruß übergab er ihm den Brief mit der Anweisung: »Bring ihn ins Gefängnis.« Al hat keine Ahnung, was ihn erwartet, aber er befürchtet das Schlimmste.

Seine Befürchtungen stellen sich als gerechtfertigt heraus. Der Polizeidirektor, ein Freund seines Vaters, öffnet den Umschlag, liest den Brief und nickt. »Komm mit mir.« Er führt den entgeisterten Jungen zu einer Gefängniszelle, öffnet die Tür und befiehlt ihm einzutreten. Dann wirft der Polizeibeamte die Tür ins Schloss. »Das geschieht mit bösen Buben«, erklärt er und geht weg.

Al wird bleich, als er die einzig mögliche Schlussfolgerung zieht: Ich habe die Grenze, die mein Vater gesetzt hat, überschritten. Ich habe seine Gnade überstrapaziert, seinen Vorrat an Barmherzigkeit verbraucht. Deshalb muss Papa mich einsperren. Der kleine Al hat keinen Grund zu der Annahme, seine Familie je wieder zu sehen.

Er irrte sich. Die Gefängnisstrafe dauerte nur fünf Minuten. Doch diese fünf Minuten kamen ihm wie fünf Monate vor. Diesen Tag vergaß Al nie. Oft erzählte er, dass er das Geräusch der ins Schloss fallenden Tür sein Leben lang nicht mehr aus dem Gedächtnis verlor.[1]

Der Grund ist verständlich. Können wir uns ein verhängnisvolleres Geräusch vorstellen? Wortlos hallt es nach: »Dein Vater hat dich verstoßen. Du kannst machen, was du willst, er ist nicht da. Du kannst bitten und betteln, so viel du willst, er hört dich nicht. Du bist von der Liebe deines Vaters getrennt.«

Viele fürchten, dass sie das Zuschlagen der Zellentür gehört haben. Al hat die Zeit vergessen. Sie haben Ihre Tugend vergessen. Der kleine Al kam zu spät nach Hause. Sie sind vielleicht betrunken – oder gar nicht – nach Hause gekommen. Al hat die Zeit aus den Augen verloren. Sie haben Ihren Orientierungssinn verloren und sind schließlich am falschen Ort gelandet, wo Sie das Falsche tun. Und im Himmel ist kein Platz für Leute wie ... Betrüger, Abtreiber, Ehebrecher, heimliche Sünder, verrufene Schufte, Schwindler, Heuchler. Sie sind weggesperrt, nicht von einem irdischen Vater, sondern von Ihrem himmlischen Vater. Eingekerkert, nicht in einem Gefängnis in London, sondern in persönlicher Schuld und Schande. Es nützt nichts, um Barmherzigkeit zu flehen, denn das Konto ist leer. Es lohnt sich nicht, um Gnade zu flehen, denn der Scheck platzt. Sie sind zu weit gegangen.

Die Angst davor, die Liebe eines Vaters zu verlieren, fordert einen hohen Preis. Al hat für den Rest seines Lebens das Zuschlagen der Tür gehört. Da er in jungen Jahren Entsetzen am eigenen Leibe verspürt hat, verlegte er sich darauf, andere Menschen in Schrecken zu versetzen. Denn Al – Alfred Hitchcock – machte Karriere, indem er anderen Furcht einjagte.

Sie jagen vielleicht anderen Menschen auch Furcht ein, obwohl Sie das gar nicht wollen. Doch Sie können nicht weitergeben, was

Sie nicht haben. Wie können Sie andere lieben, wenn Sie von Gottes Liebe nicht überzeugt sind?

Haben Sie Angst, dass Sie das Zuschlagen der Tür gehört haben? Wenn ja, kann ich Sie beruhigen. Sie haben es nicht gehört. Ihre Fantasie, Ihre Logik, Ihre Eltern oder ein Prediger sagen, dass die Tür zugeschlagen ist. Doch der Bibel und Paulus nach stimmt das nicht.

> Ich bin überzeugt: Nichts kann uns von seiner Liebe trennen. Weder Tod noch Leben, weder Engel noch Mächte, weder unsere Ängste in der Gegenwart noch unsere Sorgen um die Zukunft, ja nicht einmal die Mächte der Hölle können uns von der Liebe Gottes trennen. Und wären wir hoch über dem Himmel oder befänden uns in den tiefsten Tiefen des Ozeans, nichts und niemand in der ganzen Schöpfung kann uns von der Liebe Gottes trennen, die in Christus Jesus, unserem Herrn, erschienen ist.
> (Römer 8,38-39)

Diese Worte sind das »Heureka!« am Ende der Suche von Paulus nach Liebe. Er beginnt seine Nachforschungen mit fünf lebensverändernden Fragen.

Frage eins: »Wenn Gott für uns ist, wer kann da noch gegen uns sein?« (V. 31). Die Gegenwart Gottes ist für immer das Zünglein an der Waage für unsere Sicherheit. Wer kann uns etwas anhaben?

Frage zwei: »Gott hat nicht einmal seinen eigenen Sohn verschont, sondern hat ihn für uns alle gegeben. Und wenn Gott uns Christus gab, wird er uns mit ihm dann nicht auch alles andere schenken?« (V. 32). Würde Gott unsere Seele retten und dann zulassen, dass wir uns ganz allein durchs Leben schlagen? Kümmert er sich um ewige Anliegen und lässt die irdischen Bedürfnisse links liegen? Natürlich nicht.

Frage drei lautet: »Wer wagt es, gegen die Anklage zu erheben, die von Gott auserwählt wurden? Gott selbst ist ja der, der sie gerecht spricht« (V. 33). Was für andere Meinungen spielen eine Rolle, wenn Gott uns angenommen hat? Jede Stimme, die uns anklagt, einschließlich unserer eigenen, klingt im Gericht des Himmels jämmerlich. Gottes Jawort übertrumpft jede Ablehnung der Erde.

Frage vier fährt fort: »Wer sollte uns verurteilen? Christus Jesus selbst ist ja für uns gestorben. Mehr noch, er ist der Auferstandene. Er sitzt auf dem Ehrenplatz zur rechten Seite Gottes und tritt für uns ein« (V. 34). In allernächster Nähe unseres Schöpfers sitzt der, der für uns gestorben ist. Er hat den Platz höchster Befehlsgewalt inne. Lassen wir unsere Ankläger und unser Gewissen gegen uns sprechen. Unsere himmlische Verteidigung bringt sie zum Verstummen. Warum? Weil er uns liebt.

Frage fünf wirft die Frage dieses Kapitels, ja die Frage des Lebens auf: »Kann uns noch irgendetwas von der Liebe Christi trennen?« (V. 35). Diese Frage steht hoch oben auf der obersten Stufe einer hohen Treppe. Wir stehen mit Paulus ganz oben, und er fordert uns auf, nach etwas Ausschau zu halten, das uns von Gottes Liebe trennen kann. Können Sie einen Tatbestand im Leben nennen, der auf das Ende von Gottes Zuneigung zu uns hinweist?

Der Apostel fährt fort: Heißt es, dass Gott uns nicht mehr liebt, wenn »wir vielleicht in Not oder Angst geraten, verfolgt werden, hungern, frieren, in Gefahr sind oder sogar vom Tod bedroht werden?« (V. 35). Paulus zählt unsere Feinde auf, lässt sie antreten wie auf einem Gefängnishof und winkt sie dann, einen nach dem anderen, ab: Not, Probleme, Hass, Hunger Heimatlosigkeit, einschüchternde Drohungen, Intrigen, ja sogar die schlimmsten Sünden, die in der Bibel aufgezählt sind, sie alle können uns nicht von Gottes Liebe trennen. Niemand kann einen Keil zwischen uns und Gottes Liebe treiben. »Trotz all dem tragen wir einen überwältigenden Sieg davon durch Christus, der uns geliebt hat« (V. 37). Leiden auf der Erde bedeutet nicht, von Gott abgelehnt zu werden.

Paulus ist davon überzeugt! Er wendet sich an den Musiker, der für das Schlagzeug zuständig ist, und nickt ihm zu. »Ich bin überzeugt: Nichts kann uns von seiner Liebe trennen« (V. 38). Im Griechischen benutzt er eine Zeitform, die zu verstehen gibt: »Ich wurde und bleibe überzeugt.« Es handelt sich weder um eine kurzlebige Idee noch um einen flüchtigen Gedanken, sondern um eine tief verwurzelte Überzeugung. Paulus ist überzeugt. Was hat ihn, Ihrer Meinung nach, überzeugt?

Vielleicht die Jünger. Paulus gibt uns keinen Anhaltspunkt, deshalb spekuliere ich. Vielleicht bat er die Nachfolger von Jesus, die Länge von Gottes Liebe zu beschreiben. Spontan erzählten sie vom letzten Passahmahl. Es versprach, ein großartiger Abend zu werden. Gutes Essen, gute Freunde, ununterbrochene Zeit zusammen mit Christus. Doch plötzlich, während des Essens, machte Jesus eine Bemerkung, die wie eine Bombe einschlug: »Heute Nacht werdet ihr mich alle verlassen« (Matthäus 26,31).

Die Jünger wiesen diesen Gedanken von sich. »Petrus behauptete: ›Selbst wenn dich alle verlassen, ich werde bei dir bleiben.‹ ... Und alle anderen Jünger beteuerten dasselbe« (V. 33-35). »Jesus im Stich lassen? Unmöglich. Wir kleben an ihm wie Fliegen am Fliegenfänger.« »Wir und Jesus halten zusammen wie Pech und Schwefel. Auf uns kannst du dich verlassen.«

Falsch. Noch vor dem Morgengrauen »ließen ihn alle Jünger im Stich und flohen« (Markus 14,50). Johannes, Andreas. Sie rannten. Bartholomäus, Jakobus, Thaddäus. Sie machten sich aus dem Staub. Als die Römer erschienen, verschwanden die Nachfolger im Gedränge. Diese bedeutenden Männer, die heute in Tausenden von Kathedralen auf bunten Glasfenstern würdig dreinblicken, haben sich in jener Nacht unter Eseln verkrochen und in Heuhaufen versteckt. Sie haben ihn im Stich gelassen und sind weggelaufen. Als ihnen der Boden unter den Füßen heiß wurde, liefen sie davon. Erstaunlich.

Doch noch erstaunlicher ist Folgendes: Nachdem Christus von den Toten auferstanden war, brachte er es nie zur Sprache. Nie. Nicht einmal sagte er: »Ich habe es euch ja gesagt.« Als er in das Zimmer trat, in dem alle, die ihren Treueschwur gebrochen hatten, beisammen saßen, hätte er ihre eigenen Worte zitieren und sie an ihren Verrat erinnern können. »Mensch, Andreas, ein schöner Freund bist du. Und du, Johannes, wenn ich daran denke, dass ich dich eines der Evangelien schreiben lassen wollte.«

Er hätte dafür sorgen können, dass sie das Zuschlagen der Tür hören. Doch er tat es nicht. »Am Abend dieses ersten Tages der Woche trafen die Jünger sich hinter verschlossenen Türen, weil sie Angst vor den Juden hatten. Plötzlich stand Jesus mitten unter ihnen! ›Friede sei mit euch‹, sagte er« (Johannes 20,19).

Sie sind den Wachposten entkommen. Doch der Liebe von Christus konnten sie nicht entkommen.

Hat Paulus diese Geschichte gehört? Wenn ja, wäre sie genug gewesen, um ihn zu überzeugen. Auch wenn man Jesus verlässt, wird man von ihm immer noch geliebt.

Petrus könnte das Zeitwort noch verstärken. Er könnte das Wort *verlassen* zu *verleugnen* steigern. *Wenn man Jesus verleugnet, wird man von ihm immer noch geliebt.* Denn als Jesus verhört wurde, wurde auch Petrus ins Verhör genommen. Als Petrus sich an einem Feuer in der Nähe wärmte, »ging eine junge Dienerin vorüber und sagte zu ihm: ›Du bist doch auch einer von denen, die zu Jesus, dem Galiläer, gehören.‹ Doch Petrus leugnete laut, sodass es alle hören konnten. ›Ich weiß nicht, wovon du sprichst‹, sagte er« (Matthäus 26,69-70).

Ja, der draufgängerische Glaube von Petrus. Er schwang sich so hoch hinauf, dass Jesus ihm den Spitznamen »Felsen« gab (Matthäus 16,16-19). Er stürzte so tief ab, dass Jesus ihn »Satan« nannte (Matthäus 16,21-23). Wer versprach entschlossener Treue? Wer fiel unverzeihlicher?

Bei anderen würden wir es verstehen, aber es war Petrus, der

Jesus verleugnete. Seine Füße gingen auf dem Wasser. Seine Hände verteilten bei dem Wunder der Speisung das Essen an fünftausend Menschen. Seine Augen sahen auf dem Berg der Verklärung Mose und Elia neben Jesus stehen. Seine Lippen schworen Treue. Erinnern Sie sich, was Jesus zu ihm sagte? »›Petrus‹, erwiderte Jesus, ›ich versichere dir, noch in dieser Nacht wirst du mich drei Mal verleugnen, ehe der Hahn kräht.‹ ›Nein!‹, beharrte Petrus. ›Nicht einmal, wenn ich mit dir sterben müsste! Ich werde dich niemals verleugnen!‹« (Matthäus 26,34-35).

Doch er tat es. Mit unflätigen Worten verfluchte er den Namen seines besten Freundes. Dann krähte der Hahn. Glauben Sie nicht, dass dieses Krähen dieselbe Wirkung hatte wie das Zuschlagen einer Zellentür? »In diesem Augenblick drehte der Herr sich um und sah Petrus an. Da erinnerte dieser sich an die Worte des Herrn: ›Bevor morgen früh der Hahn kräht, wirst du mich drei Mal verleugnen.‹ Und Petrus ging hinaus und weinte bitterlich« (Lukas 22,61-62).

Jesus wird mich nie mehr eines Blickes würdigen, muss Petrus gedacht haben.

Er irrte sich. Einige Tage nach der Auferstehung hatten Petrus und einige andere Jünger beschlossen, nach Galiläa zurückzukehren und zu fischen. Warum? Warum würde ein Zeuge der Auferstehung fischen gehen? Vielleicht war er hungrig. Oder vielleicht war er nicht überzeugt. Christus kann den Tod besiegen, aber kann er einen Betrüger lieben? Vielleicht hatte Petrus seine Zweifel.

Wenn ja, dann begannen die Zweifel zu schwinden, als er die Stimme hörte. Jesus rief seinen Freunden zu, forderte sie auf, ihr Netz auf die rechte Seite des Bootes auszuwerfen. Obwohl sie Jesus nicht erkannten, versuchten sie es. Danach machten sie einen guten Fang. Johannes erkannte Jesus. »Es ist der Herr!« (Johannes 21,7). Petrus zog sich schnell etwas über, sprang aus dem Boot und schwamm auf Jesus zu. Bald standen die beiden ausgerechnet an einem Feuer beieinander. Petrus hatte beim ersten Feuer Jesus verleugnet, doch an diesem Feuer konnte er die Liebe von Jesus nicht abstreiten.

Vielleicht hatte Petrus diese Geschichte Paulus erzählt. Als er fertig war, hat Paulus sich möglicherweise eine Träne aus den Augen gewischt und erklärt: »Ich bin überzeugt. Nichts kann uns von der Liebe Gottes trennen.«

Petrus bezeugte: »Wenn man Jesus verleugnet, wird man von ihm immer noch geliebt.«

Thomas könnte hinzufügen: »Das gilt auch, wenn man an Jesus zweifelt.«

Thomas hatte seine Zweifel. Es war ihm gleichgültig, dass zehn Paar Augen den auferstandenen Jesus gesehen haben. Oder dass die Frauen, die gesehen hatten, wie Jesus ins Grab gelegt wurde, beobachteten, wie er das Zimmer betrat. Sollen sie doch rufen und in die Hände klatschen. Er, Thomas, würde sitzen bleiben und abwarten. Er war nicht in dem Zimmer, als Jesus gekommen war. Vielleicht hat er gerade etwas zu essen gekauft, oder vielleicht hat er den Tod von Jesus schwerer genommen als die anderen. Thomas wird insgesamt viermal in der Bibel erwähnt, davon einmal, als er sagte: »Wir wollen mitgehen – und mit ihm [Jesus] sterben« (Johannes 11,16).

Thomas würde für Jesus sterben. Und sicherlich würde er für die Möglichkeit, den auferstandenen Christus zu sehen, sterben. Doch er ließ sich nicht zum Narren halten. Er hatte seine Hoffnungen einmal begraben, das reichte. Er wollte sie nicht noch einmal begraben. Was die anderen auch erzählten, er musste ihn selber sehen. Also saß er sieben Tage lang da. Die anderen freuten sich, er wies alles von sich. Sie feierten, er blieb schweigsam. Thomas brauchte Beweise aus erster Hand. Jesus gab sie ihm. Erst eine Hand, dann die andere und dann die Wunde an der Seite. »Lege deine Finger auf diese Stelle hier und sieh dir meine Hände an. Lege deine Hand in die Wunde an meiner Seite. Sei nicht

mehr ungläubig, sondern glaube« (Johannes 20,27).
Und Thomas glaubte. »Mein Herr und mein Gott!« (V. 28).
Nur ein Gott konnte von den Toten zurückkommen. Nur ein Gott der Liebe würde für einen Zweifler zurückkommen.

Du kannst Gott verlassen – er liebt dich immer noch.
Du kannst Gott verleugnen – er liebt dich immer noch.
Du kannst an Gott zweifeln – er liebt dich immer noch.

Paulus war überzeugt. Und Sie? Sind Sie davon überzeugt, dass Sie noch nie einen Tag erlebt haben, an dem Sie nicht geliebt wurden? Nicht einen. Sie waren nie ungeliebt. Wie steht es um die Zeiten, in denen Sie Jesus verlassen haben? Er hat Sie geliebt. Sie haben sich vor ihm versteckt, doch er hat nach Ihnen gesucht.

Und als Sie Jesus verleugnet haben? Obwohl Sie zu Jesus gehörten, haben Sie sich in schlechter Gesellschaft herumgetrieben. Als sein Name genannt wurde, haben Sie wie ein betrunkener Matrose geflucht. Gott lässt zu, dass Ihr Gewissen sich meldet und dass heiße Tränen in Ihnen aufsteigen. Aber er lässt Sie nie fallen. Ihr Leugnen kann seine Liebe nicht abschwächen.

Auch Ihre Zweifel können das nicht. Sie hatten Zweifel und haben vielleicht auch jetzt Zweifel. Es gibt vieles, was wir nicht wissen können und vermutlich nie wissen werden. Doch eines wissen wir sicher: Zweifler können durch ihre Zweifel nie von Gottes Liebe getrennt werden.

Das Gefängnistor ist nie ins Schloss gefallen. Gottes Vorrat an Liebe wird nie aufgezehrt. »Denn so hoch der Himmel über der Erde ist, so groß ist seine Gnade gegenüber denen, die ihn fürchten« (Psalm 103,11).

Die große Nachricht der Bibel lautet nicht, dass Sie Gott lieben, sondern dass Gott Sie liebt, nicht, dass Sie Gott kennen lernen können, sondern dass Gott Sie schon kennt! Er hat Ihren Namen in seine Handfläche eintätowiert. Seine Gedanken an Sie sind zahlreicher als Sandkörner am Meer. Nie entfallen Sie seinem Sinn, nie entkommen Sie seinem Blick, nie entfliehen Sie seinen Gedanken. Er sieht Ihre schlimmsten Seiten und liebt Sie trotzdem. Ihre Sünden von morgen und Ihre Verfehlungen in der Zukunft sind für ihn keine Überraschung, denn er sieht sie schon jetzt. Jeder Tag und jede Tat Ihres Lebens sind an seinen Augen vorübergezogen und wurden in seine Entscheidung eingerechnet. Er kennt Sie besser als Sie sich selbst kennen, und er ist zu folgendem Urteil gekommen: Er liebt Sie immer noch. Keine Entdeckung wird ihn ernüchtern, keine Auflehnung wird ihn seine Meinung ändern lassen. Er liebt Sie mit einer unaufhörlichen Liebe.

Teile dieses Kapitels schrieb ich in einem Hotel in Florida. Jeden Morgen verbrachte ich einige Zeit neben einem Schwimmbad von olympischen Ausmaßen. Nachdem ich die Verse gelesen hatte, die Sie eben lesen, schaute ich auf und sah, wie ein Vogel aus dem Himmel herunterflog und sich an den Rand des Schwimmbeckens setzte. Er steckte seinen Schnabel in das Wasser, trank und flog weg. »Ist das nicht ein Bild deiner Liebe?«, fragte ich Gott. Der Schluck, den der Vogel nahm, hat die Wassermenge im Schwimmbecken nicht verringert. Ihre und meine Sünden verringern nicht den Pegel von Gottes Liebe.

Die größte Entdeckung im Universum ist die größte Liebe im Universum – Gottes Liebe. »Nichts kann uns von seiner Liebe trennen« (Römer 8,38). Überlegen Sie, was diese Worte bedeuten. Sie können von Ihrem Ehepartner, von Ihren Angehörigen, von Ihren Kindern, von Ihrem Haar getrennt werden, aber Sie werden nicht von der Liebe Gottes getrennt. Niemals.

Kommen Sie zum Brunnen seiner Liebe und trinken Sie. Vielleicht dauert es eine gewisse Zeit, bis Sie den Unterschied wahrnehmen. Mit einem gelegentlichen Schluck wird das ausgetrocknete Herz nicht befeuchtet. Dazu ist unaufhörliches Trinken erforderlich. Wenn Sie von seiner Liebe ausgefüllt sind, werden Sie nie mehr derselbe Mensch sein.

Petrus wurde verändert. Er tauschte sein Boot gegen die Kanzel ein und schaute nie zurück. Die Jünger wurden verändert. Dieselben Männer, die im Garten Gethsemane angsterfüllt flohen, reisten im Glauben durch die Welt. Thomas wurde verändert. Wenn die Legende der Wahrheit entspricht, trug er die Geschichte von Gottes Liebe zu Zweiflern und Untreuen bis nach Indien, wo er wie sein Freund und Erlöser aus Liebe starb.

Die Furcht vor dem Verlust von Liebe verfolgte den kleinen Al. Doch die Freude über erfahrene Liebe änderte die Jünger. Ich wünsche Ihnen, dass Sie verändert werden. Wenn Sie das nächste Mal fürchten, dass Sie das Zuschlagen der Tür gehört haben, dann denken Sie daran: »Nichts kann uns von seiner Liebe trennen« (Römer 8,38).

16. FURCHTLOS DER EWIGKEIT ENTGEGENSEHEN

FURCHTLOS DER EWIGKEIT ENTGEGENSEHEN

Trockener Mund, feuchte Handflächen. Der Puls hämmert wie die große Trommel einer Marschkapelle. Immer wieder ein schneller Blick über die Schulter. Das Herz pocht bis in die Schläfen. Sie kennen das Gefühl. Sie kennen den Augenblick. Sie wissen, wie es ist, wenn man die Blinklichter der Autobahnpolizei im Rückspiegel sieht.

Reaktion Nummer 1? Das Gebetsleben wird beflügelt. »O Herr.« »Gott, hilf mir.« »Jesus, hab Erbarmen mit mir Sünder.« Polizisten haben öfter Anlass zu Gebet gegeben als tausend Predigten.

Unsere Bitten sind einmütig, vorhersehbar und selbstsüchtig. »Lass einen Unfall auf der Autobahn geschehen.« »Siehst du den Kerl in dem roten Lastwagen, Gott? Schick ihm den Polizisten hinterher.« Doch Gott tut das nicht. Sie werden aufgefordert, auf dem nächsten Parkplatz zu halten, und jetzt setzt Reaktion Nummer 2 ein. *Was habe ich getan? Wie schnell war ich? Habe ich einen Hund überfahren?*

Ein Autobahnpolizist von der Statur Arnold Schwarzeneggers erscheint in Ihrem Außenspiegel. Unterstehen Sie sich, die Tür zu öffnen, sonst greift seine Hand nach dem Pistolenhalfter und er befiehlt: »Bleiben Sie im Auto sitzen!« Das Beste ist wieder ein Gebet. Nur Gott kann Ihnen jetzt helfen.

Wir fürchten solche Augenblicke. Erinnern Sie sich, als der Lehrer Sie aus der Klasse rief? Als Ihr Vater hörte, wie Sie spät nach Mitternacht durch das Schlafzimmerfenster kletterten? Als meine älteste Tochter klein war, ertappte ich sie bei einer Missetat. In Erwartung meiner Reaktion sagte sie zu mir: »Mein Po kitzelt.« Wir haben ein Wort für solche Augenblicke: Vergeltung. Die

Beweise liegen auf der Hand. Die Wahrheit ist herausgekommen. Und der Polizist steht vor der Tür. Niemandem ist der Gedanke an ein Gericht angenehm.

Den Christen in Ephesus auch nicht. Sie fürchteten sich nicht vor dem Gericht der Autobahnpolizei, sondern vor dem Gericht Gottes. Gott weiß von allen Sünden, und er hasst die Sünde, und sie wussten, dass er das, was er sieht, hassen muss. Das ist kein tröstlicher Gedanke, und sie hatten Angst.

Deshalb tröstete Johannes sie. Er tauchte seinen Federkiel tief in das Tintenfass von Gottes Liebe und schrieb:

> Und wenn wir in Gott leben, dann kommt seine Liebe in uns zum Ziel. Und wir können dem Tag des Gerichts mit Zuversicht entgegensehen, denn wir leben in dieser Welt in derselben Gemeinschaft mit Gott wie Christus. Und unsere Liebe kennt keine Angst, weil *die vollkommene Liebe alle Angst vertreibt.* Wer noch Angst hat, rechnet mit Strafe, und das zeigt, dass seine Liebe in uns noch nicht vollkommen ist.   (1. Johannes 4,17-18; Kursivschrift vom Autor)

Die vollkommene Liebe vertreibt alle Angst. Brauchen wir nicht alle die Vertreibung von Angst? Wir können uns in die Geschichte von Louis Armstrong hineinversetzen. Der berühmte Trompeter wuchs zu Beginn des zwanzigsten Jahrhunderts in einer ländlichen Gegend von Louisiana auf. Als er klein war, schickte seine Tante Haddie ihn oft zum Fluss, um Wasser zu holen. Als er sich einmal über das Wasser beugte, um seinen Eimer zu füllen, erschreckte ihn ein Alligator so sehr, dass er den Eimer fallen ließ und nach Hause rannte. Seine Tante befahl ihm, zurückzugehen und den Eimer mit Wasser zu holen. »Dieser Alligator fürchtet sich vor dir genauso sehr wie du dich vor ihm fürchtest«, beruhigte sie ihn.

»Wenn das stimmt«, antwortete er, »dann ist das Wasser dieses Flusses nicht trinkbar.«

Auch in unseren Flüssen lauern Alligatoren. Und wenn wir sie sehen, reagieren wir auf sie. Wir haben Angst, abgelehnt zu werden, also folgen wir der Menge. Wir haben Angst, nicht dazu zu passen, deshalb nehmen wir die Medikamente. Aus Angst aufzufallen, tragen wir dieselbe Kleidung wie alle anderen. Aus Angst nicht gesehen zu werden, tragen wir Kleidung, die niemand sonst trägt. Aus Angst alleine zu schlafen, schlafen wir mit irgendjemandem. Aus Angst nicht geliebt zu werden, suchen wir an allen falschen Orten nach Liebe.

Doch Gott schwemmt diese Ängste fort. Wer mit Gottes Liebe gesättigt ist, tut nicht alles, um die Liebe anderer zu gewinnen. Er tut nicht einmal alles, um Gottes Liebe zu gewinnen.

Glauben Sie, dass Sie das müssen? Glauben Sie: *Wenn ich weniger fluche, mehr bete, weniger trinke, mehr Bibel lese ... wenn ich mich mehr bemühe, dann wird Gott mich mehr lieben?* Vorsicht, diese Worte stinken nach Satan. Wir alle haben Verbesserung bitter nötig, doch wir brauchen nicht um Gottes Liebe zu buhlen. Wir ändern uns, weil wir Gottes Liebe schon haben. Gottes *vollkommene Liebe*.

Vollkommene Liebe ist einfach – vollkommen, ein vollkommenes Wissen um die Vergangenheit und eine vollkommene Sicht der Zukunft. Wir können Gott mit unseren Taten nicht schockieren. Nie kommt der Tag, an dem es ihm wegen Ihnen den Atem verschlägt: »O, hast du gesehen, was sie eben gemacht hat?« Nie wird er sich an seine Engel wenden und stöhnen: »Hätte ich gewusst, dass Max so hirnrissiges Zeug über mich erzählt, hätte ich seine Seele nicht gerettet.« Gott kennt unsere ganze Geschichte, vom ersten Wort bis zum letzten Atemzug. Und er erklärt in vollstem Bewusstsein: »Du bist mein.«

Mein Verlag hat eine ähnliche Entscheidung mit diesem Buch getroffen. Bevor die Verantwortlichen des Verlags sich zur Veröffentlichung entschlossen, haben sie es gelesen, jedes einzelne Wort. Mehrere Lektoren redigierten das Manuskript, stöhnten über meine schlechten Witze, verbesserten meine Formulierungen, schlugen hier eine Steigerung, dort eine Abschwächung vor. Wir schickten Seiten hin und her, Autor an Lektor und zurück an Autor, bis wir schließlich alle einig waren. Dann ging es um die Veröffentlichung. Der Verlag kann sie natürlich ablehnen. Manchmal geschieht das. Doch in diesem Fall taten sie es offensichtlich nicht. Im vollkommenen Wissen um dieses unvollständige Werk verpflichteten sie sich zur Veröffentlichung. Was Sie vielleicht überrascht, ist dem Verlag bekannt.

Was Sie tun, verblüfft vielleicht Sie, aber nicht Gott. Im vollkommenen Wissen um Ihr unvollkommenes Leben hat Gott sich für Sie verpflichtet.

Vor Jahren lernte ich eine Frau kennen, die eine solche Liebe erfahren hat. Nach einer Gesichtsoperation kann sie ihren Gesichtsnerv nicht mehr gebrauchen. Als Folge bleibt ständig ein unnatürliches Lächeln auf ihrem Gesicht. Nach der Operation lernte sie die Liebe ihres Lebens kennen. Sie beschreibt ihren Mann folgendermaßen: »Er sieht nichts Komisches oder Hässliches an mir und hat nie, nicht einmal im Ärger, einen Witz über mein Aussehen gemacht. Er hat mich nie anders gesehen. Wenn ich in den Spiegel schaue, sehe ich Entstellung, doch mein Mann sieht Schönheit.«

Sehen Sie, was vollkommene Liebe tut? Sie treibt die Angst vor dem Gericht aus. Ja, sie wäscht die Angst vor dem Tag des Gerichts weg. Johannes schrieb: »Wir können dem Tag des Gerichts mit Zuversicht entgegensehen, denn wir leben in dieser Welt in derselben Gemeinschaft mit Gott wie Christus« (V. 17).

Bei diesem Thema beschönigt Johannes nichts, sondern spricht in voller Härte. Der Tag des Gerichts ist kein Begriff in einem Roman, sondern ein Tag, der im Kalender des Himmels rot eingekreist ist. Von den siebenundzwanzig Büchern des

Neuen Testaments erwähnen nur zwei ganz kurze Briefe, der Brief an Philemon und der dritte Brief von Johannes, unser Erscheinen vor dem göttlichen Gerichtshof nicht.[1] Die Einzelheiten dieses Tages werden uns aufgezeigt, und wir sprechen darüber. Und eines ist sicher: Der Tag wird kommen. An jenem Tag wird irdischer Reichtum keine Rolle spielen. Körperliche Schönheit zählt nicht mehr. Ruhm wird vergessen sein. Auch wenn Sie neben Napoleon oder Julius Cäsar stehen, werden Sie keine Fragen über Waterloo oder Brutus stellen. Alle Augen werden auf Christus gerichtet sein.

Wer ihn nicht beachtet hat, hat allen Grund zur Angst. »Und dann wird sich der König denen auf seiner linken Seite zuwenden und sagen: ›Fort mit euch, ihr Verfluchten, ins ewige Feuer, das für den Teufel und seine bösen Geister bestimmt ist!‹« (Matthäus 25,41).

Wer ihn angenommen hat, hat keinen Grund zur Angst. »Wir können dem Tag des Gerichts mit Zuversicht entgegensehen, denn wir leben in dieser Welt in derselben Gemeinschaft mit Gott wie Christus« (1. Johannes 4,17). Denken Sie über diese Aussage nach. Gott sieht die Christen so, wie er Christus sieht: ohne Sünde und vollkommen. Deshalb können Christen das Gericht so sehen wie Christus: mit Zuversicht und Hoffnung. Hat Jesus Angst vor dem Gericht? Nein. Wer sündlos ist, braucht sich vor dem Gericht nicht zu fürchten. Hat Jesus Angst vor dem Tod? Nein. Der Geber des Lebens braucht keine Angst vor dem Tod zu haben. Sollten die Christen Angst vor dem Gericht oder dem Tod haben? Nein, »denn wir leben in dieser Welt in derselben Gemeinschaft mit Gott wie Christus« (V. 17). Der Sohn Gottes steht neben Ihnen und tut das für Sie, was der Sohn Joe Allbrights für mich getan hat.

Joe Allbright ist ein ehrlicher, furchtloser Rancher in West Texas, ein hagerer, stiernackiger Mann mit eckigem Unterkiefer. Jeder im Kreis Andrews, wo ich aufwuchs, kannte ihn.

James, einer von Joes Söhnen, war mein bester Freund in der Schule. Wir spielten zusammen Fußball. (Ehrlicher gesagt, er spielte, während ich die Bank der Mannschaft bewachte.) Nach einem Auswärtsspiel an einem Freitagabend lud James mich ein, bei ihm zu übernachten. Bis wir an der Farm ankamen, war es schon Mitternacht vorbei, und James hatte seinem Vater nicht gesagt, dass er jemanden mitbringt.

Herr Allbright kannte weder mich noch mein Auto. Als ich vor seinem Haus aus dem Auto stieg, richtete er einen Scheinwerfer direkt auf mein Gesicht. Durch den Strahl hindurch konnte ich seine Hünengestalt erkennen. (Ich glaube, er war in Unterwäsche.) Ich hörte seine tiefe Stimme: »Wer bist du?« Ich schluckte, war zu keinem klaren Gedanken fähig, konnte nicht einmal meinen Namen aussprechen. *Herr Allbright kennt mich nicht.* Meine einzige Hoffnung war, dass James das Wort ergreift. Bevor er es tat, hätte ein Gletscher schmelzen können. Endlich griff er ein. »Es ist gut, Papa. Das ist mein Freund Max. Er kommt mit mir.« Das Licht ging aus, und Herr Allbright riss die Tür auf. »Kommt rein, Jungs. In der Küche ist Essen.«

Worin lag die Änderung? Was brachte Herrn Allbright dazu, das Licht auszuschalten? Eine einzige Tatsache. Ich gehörte zu seinem Sohn. Meine plötzliche Sicherheit hatte nichts mit meinen Leistungen oder Geschenken zu tun. Ich kannte seinen Sohn. Punkt.

Aus dem gleichen Grund brauchen wir uns nicht vor Gottes Gericht zu fürchten. Heute nicht und nicht am Tag des Gerichts. Im Licht von Gottes Herrlichkeit spricht Jesus für uns. »Das ist mein Freund«, sagt er. Und dann geht die Tür des Himmels auf.

Vertrauen Sie auf Gottes Liebe. Haben Sie keine Angst davor, dass er Ihre Vergangenheit entdeckt. Er kennt sie bereits. Haben Sie keine Angst davor, ihn in Zukunft zu enttäuschen. Er kann Ihnen das Kapitel zeigen, in dem Sie das tun werden. Im vollkommenen Wissen um die Vergangenheit und mit einer vollkommenen Sicht in die Zukunft liebt er Sie, trotz allem, mit einer vollkommenen Liebe.

Die vollkommene Liebe wird mit Ihrer Angst vor dem Gericht fertig.

(Und langsameres Fahren kann mit Ihrer Angst vor Polizisten fertig werden.)

17.

GOTTES BRIEF AN SIE

Nach El Sunza in El Salvador kommt Weihnachten in Form von Schuhschachteln. In einem Dorf, in dem der Reichste fünfzig Dollar im Monat verdient und in dem man bessere Häuser daran erkennt, dass sie ein Dach aus Blech und nicht aus Sperrholz haben, ist die Ankunft der Schuhschachteln der Höhepunkt des Jahres. Die Lieferung stammt aus San Antonio, wo die Kinder der Kirchengemeinde, in der ich diene, jeweils ein Kind aus El Salvador »adoptieren« und die Schachteln herrichten.

Die Überbringer bekommen feuchte Augen, wenn sie die Freude bei der Verteilung beschreiben: Kinder drücken ihre bunt eingepackte Schachtel an sich, ohne sie gleich auszupacken. Wenn sie endlich das Papier vorsichtig entfernen, werden ihre Augen groß wie Unterteller, sobald sie die Spielsachen erblicken – ein Jo-Jo, eine Puppe oder ein Lastauto. Sie finden Zahnbürsten und Zahnpasta, vielleicht eine Garnitur Unterwäsche oder Socken. Aber das Geschenk, das sie am meisten in Ehren halten, ist der Brief. Zwischen Spielsachen und Bücher gesteckt, nimmt das mit der Hand beschriebene Stück Papier nur wenig Platz ein, sorgt aber für überwältigende Begeisterung.

Auf dem Umschlag steht der Name des Kindes: José Castillo. Beatrice Gonzales. Die Kinder stehen bei den Übersetzern Schlange, damit eines nach dem anderen die Worte hört, die für seine Ohren bestimmt sind.

»Lieber Diego«, liest man zum Beispiel. »Ich heiße Matthew. Ich bin in der vierten Klasse. Gehst du in die Schule? Ich spiele Fußball. Du auch? Unser Hund heißt Bill ...«

Oder: »Liebe Maria, ich bin Kara. Ich würde dich gern einmal besuchen. Mama sagt, El Salvador ist ›eine Ewigkeit‹ von hier. Was machst du gern? Ich singe und lese und höre gerne zu, wenn

Max Lucado predigt.« (Manche Kinder finden daran Geschmack.)

Viele der Kinder in El Salvador nehmen ihren Brief mit ins Bett, verblüfft, dass jemand im fernen Texas an sie denkt. Es ist erstaunlich, was ein Brief von weit weg für Kinder bedeutet.

Das wissen Sie aus eigener Erfahrung. Wie die Geschenke der Kinder, kommen Ihre Geschenke aus einem fernen Land. Doch anders als bei den Dorfkindern ist bei Ihnen jeden Tag Weihnachten. In Ihrer Schuhschachtel sind keine Spielsachen und Bücher, sondern Gott selber!

Sein Werk: Am Kreuz und in der Auferstehung wurde es erfüllt. Deshalb bringt Ihre Sünde keine Schuld mit sich, und deshalb bewirkt das Grab keine Angst.

Seine Energie: Es kommt nicht auf Sie an. Sie können alles durch Christus tun, der Ihnen Kraft schenkt.

Seine Leitung: Er sorgt für Sie und achtet auf Sie.

Seine Liebe: Was kann uns von ihr trennen?

Wer kann sich solche Geschenke vorstellen? Wer könnte sich vorstellen, diese Geschenke nicht auszupacken? Seltsamerweise muss man einigen Kindern in El Salvador beibringen, ihre Schachtel aufzumachen. Sie meinen, die Schachtel sei das Geschenk! Sie ist schöner als alles, was sie bisher besessen hatten. Einige sehen das farbige Band und das bunte Einwickelpapier und denken: *Das ist es. Das ist das Geschenk.* Wenn niemand sie auffordern würde, das Geschenk auszupacken, würden sie die Schachtel in ihre Hütte mit dem Lehmboden bringen, sie an einen Ehrenplatz stellen, sie bewundern und vorzeigen, aber niemals aufmachen.

Tun wir nicht das Gleiche mit Christus? Neigen wir nicht dazu, ihn in angemessener Entfernung zu halten? Wir stellen ihn auf den Kaminsims unseres Herzens: Wir achten ihn, ehren seinen Namen, öffnen aber nie seine Geschenke. Wir greifen nie in die Schachtel hinein, packen nie seine Gegenwart auf dem Lehmboden unserer Sorgen und Arbeit, Sünde und Schmerzen aus.

Er möchte so gern in Ihre Welt eintreten. Das Zimmer im Krankenhaus? Er geht mit Ihnen. Sie arbeiten spät nachts, um Termine einhalten zu können? Er bleibt mit Ihnen auf. Beobachten Sie das langsame Sterben eines geliebten Menschen? In jeder einzelnen Minute sitzt er an Ihrer Seite. Laden Sie ihn einfach ein. »Siehe, ich stehe vor der Tür und klopfe an. Wenn jemand mich rufen hört und die Tür öffnet, werde ich eintreten, und wir werden miteinander essen« (Offenbarung 3,20).

Machen Sie nicht denselben Fehler wie die Verbündeten von Lawrence von Arabien. Nach dem Ersten Weltkrieg nahm er sie nach Paris mit. Solche Sehenswürdigkeiten hatten sie noch nie gesehen. Den Triumphbogen, das Grab Napoleons, die Champs Elysées. Doch nichts beeindruckte diese Männer aus der Wüste Arabiens mehr als der Wasserhahn an der Badewanne ihres Hotelzimmers. Sie drehten ihn auf und zu, auf und zu, erstaunt, dass sie mit einer kurzen Handbewegung so viel Wasser haben konnten, wie sie wollten.

Als es Zeit war, Paris zu verlassen und nach Osten zurückzukehren, fand Lawrence sie mit Schraubenschlüsseln im Bad, wo sie versuchten, den Hahn abzuschrauben. »Wir brauchen Wasserhähne«, erklärten sie. »Dann werden wir so viel Wasser haben, wie wir wollen.«[1]

Sie verstanden die Rolle des Wasserhahns nicht. Wasserleitungen führen Wasser, stellen es nicht her. Hähne sind das Werkzeug, nicht die Quelle. Ventile können das Wasser in Bahnen lenken, aber Wasser erzeugen? Nein. Wir wissen es ...

Wirklich? Durch welche Wasserhähne hat Gott seine Liebe in Ihr Leben gegossen? Durch eine gläubige Kirchengemeinde? Durch einen betenden Ehepartner? Durch bewährte Traditionen? Durch eine Schulfreundin oder eine Großmutter in der Kindheit? Gottes Wasser fließt durch viele Wasserhähne. Sein Geschenk kommt in den unterschiedlichsten Verpackungen. Der Schatz jedoch ist nicht die Wasserleitung und nicht die Schachtel, sondern der Inhalt des Geschenks. Nein, der Schatz ist der Geber selbst.

Ich wünschte, ich hätte diese Wahrheit viel früher erkannt. Die Gnade begegnete mir in der Verpackung einer Kirchengemeinde. Pastoren und Gemeindemitglieder haben mich verändert. Doch dann hatten die Gemeinden Schwierigkeiten, spalteten sich sogar. Reife Männer handelten sehr unreif. Die Schachtel riss auf, der Wasserhahn verstopfte, und eine Zeit lang war ich verzagt.

Als ich ganz mutlos geworden war, hörte ich die Einladung des immer noch fließenden Brunnens. »Wenn jemand Durst hat, soll er zu mir [nicht zu meinen Propheten oder Anhängern] kommen und trinken« (Johannes 7,37).

Gott bezeichnet sich selbst als »die lebendige Quelle« (Jeremia 2,13). Danken wir ihm für die Wasserhähne, aber verlassen wir uns nicht darauf, dass sie uns ernähren. Danken wir ihm für die Schachteln, in denen seine Geschenke ankommen, doch versäumen wir nicht, sie zu öffnen. Und noch wichtiger: Versäumen wir nicht, den Brief zu lesen. Denn unter den Geschenken täglicher Barmherzigkeit und unauslöschbarer Zusagen liegt ein Brief, ein persönlicher Brief. Er könnte etwa folgendermaßen lauten:

> Mein liebes Kind,
> bist du durstig? Komm und trinke. • Ich tröste dich. • Ich habe dich gekauft • und erfülle dich. • Ich habe meine Freude an dir und beanspruche dich als mein Eigentum, ich freue mich an dir, wie sich ein Bräutigam über seine Braut freut. • Ich werde dich nie verlassen und dich nicht im Stich lassen.[2]

> **Nimm mein Werk an**
> Ich kenne deine Freveltaten, die so viel sind, und deine Sünden, die so groß sind, • doch meine Gnade reicht für dich aus. • Ich habe alle deine Sünden hin-

ter mich zurück geworfen, • sie unter meine Füße getreten und in die Tiefen des Meeres geworfen. • Deine Sünden wurden abgewaschen, • aufgelöst wie der Morgennebel und weggefegt wie Wolken. Kehre dich zu mir, denn ich erlöse dich!³

Dein Tod wurde verschlungen vom Sieg. • Ich habe die Herrscher und Mächte dieser Welt entwaffnet • und die Macht des Teufels, der Macht über den Tod hatte, gebrochen. • Gesegnet sind die, die im Herrn sterben. • Deine Heimat ist der Himmel. • Komm und erbe das Reich, das auf dich wartet, • wo ich alle deine Tränen abwischen werde und wo es keinen Tod und keine Trauer und kein Weinen und keinen Schmerz mehr geben wird.⁴

Verlass dich auf meine Energie

Du sorgst dich um so viele Kleinigkeiten. • Vertraue mir von ganzem Herzen. • Ich weiß, wie ich gottesfürchtige Menschen aus der Versuchung rette. • Mein Geist hilft dir in deiner Schwäche. • Ich stärke dich mit meiner herrlichen Kraft. • Ich habe nicht einmal meinen eigenen Sohn verschont, sondern ihn für dich gegeben. Werde ich dir dann nicht auch alles andere schenken? • Tritt einher, liebe Seele, mit Kraft! • Verliere nicht den Mut. • Fürchte dich nicht, ich helfe dir.⁵

Vertraue meiner Leitung

Verlass dich immer auf mich, denn ich bin ein Fels ewiglich, • ein Hirte, der Beschützer deiner Seele. • Wenn du durch Wasser gehst, will ich bei dir sein, dass dich die Ströme nicht ersäufen sollen; und wenn du ins Feuer gehst, sollst du nicht brennen, und die Flamme soll dich nicht versengen.[6]

Deshalb sorge dich nicht. • Ich werde nie müde und schlafe nicht. Ich selbst behüte dich. • Der Engel des Herrn beschützt dich. • Ich berge dich im Schatten meiner Gegenwart. • Ich selbst werde mit dir gehen, • ich freue mich an dir und führe dich sicher. Wenn du stolperst, wirst du nicht fallen, denn ich halte dich fest an der Hand. • Ich will dir den Weg zeigen, den du gehen sollst.[7]

Überall werden Kriege ausbrechen, aber fürchte dich nicht. • Ich habe die Welt überwunden. • Sorge dich um nichts, sondern bete um alles. • Ich beschütze dich mit dem Schild meiner Liebe.[8]

Ich werde dich wachsen lassen im Lande des Elends, • ich gebe dir Schmuck statt Asche, Freudenöl statt Trauerkleid, Lobgesang statt einen betrübten Geist. • Ich bin bei denen, die zerschlagenen und demütigen Herzens sind. Ich erquicke dich und bringe dich wieder auf die Beine. • Die Nacht ist vielleicht voll Weinen, doch mit dem Morgen kommt die Freude. • Wenn ich für dich bin, wer kann da noch gegen dich sein?[9]

Empfange meine Liebe
Ich umgebe dich, ich wache über dich und behüte dich wie meinen Augapfel. • Begeistert freue ich mich an dir. • Meine Gedanken an dich kann man nicht zählen, sie sind zahlreicher als der Sand! • Nichts kann dich von meiner Liebe trennen. Weder

Tod noch Leben, weder Engel noch Mächte, weder deine Ängste in der Gegenwart noch deine Sorgen um die Zukunft, ja nicht einmal die Mächte der Hölle können dich von meiner Liebe scheiden.[10]

Manchmal sagst du: »Der Herr hat mich verlassen, der Herr hat meiner vergessen.« Kann auch ein Weib ihres Kindleins vergessen, dass sie sich nicht erbarme über den Sohn ihres Leibes? Und ob sie seiner vergäße, so will ich doch deiner nicht vergessen! • Ich bezahlte für dich mit dem kostbaren Blut von Jesus Christus, der rein und ohne Sünde zum Opferlamm Gottes wurde. • Niemand wird dich mir entreißen. • In meine Hände habe ich dich gezeichnet. • Ich nenne dich meinen Freund. • Selbst die Haare auf deinem Kopf sind alle gezählt. Deshalb hab keine Angst, du bist mir kostbar.[11]

Bringe mir deine Sorgen, ich werde dir helfen. • Ich weiß, wie schwach du bist, dass du nur Staub bist. • Überlass all deine Sorgen mir, denn ich sorge mich um alles, was dich betrifft.[12]

Denke daran, dass ich bald komme. • Komm her zu mir, wenn du müde bist und schwere Lasten trägst, ich will dir Ruhe schenken. • Ich freue mich über dich, • und ich stehe treu zu meinen Zusagen. • Komme und trinke vom Wasser des Lebens.[13]

Dein Schöpfer und Vater,
Gott

ANMERKUNGEN

Kapitel 2: Sündenimpfung
1. I. D. E. Thomas, Herausgeber, *The Golden Treasury of Puritan Quotations* (Chicago: Moody Press, 1975), 266, zitiert in Bruce A. Demarest, *The Cross and Salvation: The Doctrine of Salvation* (Wheaton, IL: Crossway Books, 1997), 29.
2. »Secrets of the Dead: Mystery of the Black Death«, Public Broadcasting Service, http://www.pbs.org/wnet/secrets/case_plague/index.html und http://www.pbs.org/wnet/secrets/case_plague/clues.html.

Kapitel 3: Wenn Gnade tief eindringt
1. Charles Swindoll, *The Tale of the Tardy Oxcart and 1,501 Other Stories* (Nashville: Word Publishing, 1998), 250.
2. Ron Lee Davis mit James D. Denny, *Mistreated* (Portland, OR: Multnomah Press, 1989), 147-48.

Kapitel 4: Wenn der Tod zur Geburt wird
1. Rick Reilly, »Extreme Measures«, *Sports Illustrated*, http://sportsillustrated.cnn.com./inside_game/rick_reilly/news/2003/05/ 20/life_of_reilly0519/3;
Shane Burrows, »Cheating Death in Bluejohn Canyoon«, http://www.climb-utah.com/Rost/bluejohn2.htm; »Climber Describes Amputation Ordeal«, CBS News, http://www.cbsnews.com/stories/2003/05/02national/main551979.shtml; »A Rational Choice«, ABC News, http://abcnews.go.com/sections/GMA/US/GMA030506Climber_amputate.html.
2. »Climber Recounts Canyon Ordeal«, http://www.msnbc.com/news/908232.asp.
3. Paul Aurandt, *Destiny and 102 Other Real Life Mysteries* (New York: Bantam Books, 1983), 28.

4. F. W. Boreham, *Life Verses: the Bible's Impact on Famous Lives* (Grand Rapids: Kregel Publications, 1994), 1:118.

Kapitel 5: Ein Herz auf dem Weg nach Hause
1. »Corridors of Agony«, *Time,* 27. Januar 1992, zitiert in Maxie Dunnam, *This is Christianity* (Nashville: Abingdon Press, 1994), 133-34.

Kapitel 7: Warten auf Kraft
1. Brother Lawrence, *The Practice of the Presence of God* (Old Tappan, NJ: Revell, 1958), 9.
2. William Barclay, *The Acts of the Apostles* (Philadelphia: Westminster Press, 1976), 15.

Kapitel 8: Gottes Handschuh
1. C. S. Lewis, *Mere Christianity* (New York: Macmillan Publishing Co., 1952), 167.

Kapitel 9: Es kommt nicht auf Sie an
1. William C. Frey, *The Dance of Hope: Finding Ourselves in the Rhythm of God's Great Story* (Colorado Springs, CO: WaterBrook Press, 2003), 174.

Kapitel 10: Auf Gott vertrauen wir (fast)
1. Harold S. Kushner, *When Bad Things Happen to Good People* (New York: Avon Books, 1983), 42-43. Deutsche Ausgabe: Wenn guten Menschen Böses widerfährt, Gütersloher Verlagshaus 2004.
2. Margaret Clarkson, *Grace Grows Best in Winter: Help for Those Who Must Suffer* (Grand Rapids: W. B. Eerdmans, 1984), 40-41.
3. John Oxenham, *Bees in Amber: A Little Book of Thoughtful*

Verse, The Project Gutenberg,
http://www.gutenberg.net/etext06/8bees10.txt.

Kapitel 11: Sorgen? Unnötig!
1. »Biosphere 2 Today, A New Dynamic for Ecosystem Study and Education«, http://www.accessexcellence.org/LC/ST:st-4bg.html.
2. Bob Russell mit Rusty Russell, *Jesus, Lord of Your Personality: Four Powerful Principles for Change* (West Monroe: LA: Howard Publishing, 2002), 41.
3. R.G.V.Tasker, Herausgeber, *Tyndale New Testament Commentaries: The Epistle of Paul to the Philippians* (Grand Rapids: W. B. Eerdmans, 1976), 169.

Kapitel 12: Engel wachen über uns
1. Rick Reilly, »The Play of the Year«, *Sports Illustrated*, 18. November 2002.
2. Francis Thompson, *The Kingdom of God*, zitiert in Herbert Lockyer Jr., *All the Angels in the Bible* (Peabody, MA: Hendricksons Publishers, 1995), xv.
3. John Milton, *Paradise Lost*, Buch 4, Zeilen 678-79.
4. Billy Graham, *Angels: God's Secret Agents* (Garden City, NY: Doubleday, 1975), 24. Deutsche Ausgabe: Engel, Gottes Geheimagenten, Hänssler Verlag 2001.

Kapitel 14: Tiefer
1. Gary Smith, »The Rapture of the Deep«, *Sports Illustrated*, 16. Juni 2003, 62-78.
2. David Brainerd, zitiert in Cynthia Heald, »Becoming a Friend of God«, *Discipleship Journal*, Nr. 54 (1989): 22.
3. Craig Childs, *The Secret Knowledge of Water: Discovering the Essence of the American Desert* (Boston: Little, Brown and Company, 2000), 61-62.

Kapitel 15: Haben Sie gehört, wie die Tür ins Schloss fällt?
1. Patrick McGilligan, *Alfred Hitchcock: A Life in Darkness and Light* (New York: HarperCollins, 2003), 7-8. Es gibt viele voneinander abweichende Fassungen dieser Geschichte, und es besteht der Verdacht, dass sie eventuell nicht wahr ist.

Kapitel 16: Furchtlos der Ewigkeit entgegensehen
1. H. A. Guy, *The New Testament Doctrine of the Last Things* (New York: Oxford University Press, 1948), 173, zitiert in Frank Stagg, *New Testament Theology* (Nashville: Broadman Press, 1962), 305.

Kapitel 17: Gottes Brief an Sie
1. Spiros Zodhiates und andere, *A Treasury of Bible Illustrations* (Chattanooga, TN: AMG Publishers, 1995), 135.
2. Jesaja 55,1; Jesaja 51,12; 1. Korinther 6,20; Kolosser 2,10; Jesaja 62,4-5; Hebräer 13,5.
3. Amos 5,12; 2. Korinther 12,9; Jesaja 38,17; Micha 7,19; 1. Korinther 6,11; Jesaja 44,22.
4. 1. Korinther 15,54; Kolosser 2,15; Hebräer 2,14; Offenbarung 14,13; Philipper 3,20; Matthäus 25,34; Offenbarung 21,4.
5. Lukas 10,41; Sprüche 3,5; 2. Petrus 2,9; Römer 8,26; Kolosser 1,11; Römer 8,32; Richter 5,21; 2. Korinther 4,1; Jesaja 41,10.
6. Jesaja 26,4; 1. Petrus 2,25; Jesaja 43,2.
7. Matthäus 6,34; Psalm 121,4-5; Psalm 34,8; Psalm 31,21; 5. Mose 31,5; Psalm 37,23-24; Psalm 32,8.
8. Matthäus 24,6; Johannes 16,33; Philipper 4,6; Psalm 5,12.

9. 1. Mose 41,52; Jesaja 61,3; Jesaja 57,15; Psalm 30,5; Römer 8,31.
10. 5. Mose 32,10; Zephanja 3,17; Psalm 139,17-18; Römer 8,38.
11. Jesaja 49,14-15; 1. Petrus 1,19; Johannes 10,28; Jesaja 49,16; Johannes 15,15; Matthäus 10,30-31.
12. Psalm 55,23; Psalm 103,13-14; 1. Petrus 5,7.
13. Philipper 4,5; Matthäus 11,28; Psalm 149,4; Hebräer 10,23; Offenbarung 22,17.

hänssler

Max Lucado
Weil du es ihm wert bist
Gb., 13,5 x 20,5 cm, 144 S., Nr. 393.768, ISBN 3-7751-3768-8

An Jesu Leidensweg zeigt Lucado, wie Gott Menschen beisteht. So gewinnen z. B. die Dornenkrone oder die Nägel eine persönliche Bedeutung für jeden Einzelnen.

Max Lucado
Ein Geschenk für dich
Tb., 48 S., Nr. 393.767, ISBN 3-7751-3767-X

Eine Geschichte, die stark an das Gleichnis vom verlorenen Sohn erinnert! In seiner offenen Art erzählt Lucado die Geschichte eines Vaters und seiner Tochter, die sich missverstanden und eingeengt fühlt. Sie flieht, doch ihr Vater hält an seiner Liebe fest und versucht sie wiederzufinden. So bringt Lucado Ihnen Gottes Liebe nahe und lädt Sie ein, Gottes Vergebung anzunehmen.

Max Lucado
Werden wie Jesus
Gb., 10,5 x 16,5 cm, 224 S., Nr. 394.099, ISBN 3-7751-4099-9

Max Lucado lädt Sie dazu ein, 30 Tage lang Jesus ganz neu und unmittelbar zu begegnen und ihm dadurch ähnlicher zu werden. Eine Reise, die Ihr Leben verändern kann ...

Bitte fragen Sie in Ihrer Buchhandlung nach diesen Büchern!
Oder schreiben Sie an den Hänssler Verlag, D-71087 Holzgerlingen.

hänssler

Max Lucado
Alles Gute für die Reise
Gb., 13,5 x 20,5 cm, 120 S., durchgehend farbig, Nr. 394.098,
ISBN 3-7751-4098-0

Lucado macht Mut, spricht über Probleme und Ängste des Alltags und zeigt, dass Gott da ist, uns liebt und uns ermutigt, wie es nur ein himmlischer Vater tun kann.

Max Lucado
Das Haus Gottes
Gb., 13,5 x 20,5 cm, 180 S., Nr. 394.101, ISBN 3-7751-4101-4

Das Haus Gottes, wie Max Lucado es vor Augen malt, wird durch das bekannteste Gebet der Welt beschrieben: das Vaterunser. Und nicht nur das: Er stellt uns Gott als einen Hausvater vor, der uns nicht nur als Gäste empfangen, sondern uns zu Mitbewohnern machen möchte, zu Menschen, die ihr Zuhause für immer bei Gott gefunden haben.

Max Lucado
Es geht nicht um mich
Gb., 13,5 x 20,5 cm, 120 S., Nr. 394.024, ISBN 3-7751-4024-7

Es geht nicht um mich, sondern darum, dass ich Gott durch mein ganzes Leben verherrliche. Er ist das Zentrum. Diese Botschaft des Buches wird uns frei machen.

Bitte fragen Sie in Ihrer Buchhandlung nach diesen Büchern!
Oder schreiben Sie an den Hänssler Verlag, D-71087 Holzgerlingen.